셀 프 마 케 팅 을 위 한

학생포트폴리오
작성하기

최금진 · 김혜경 공저

PORTFOLIO

교육은 지덕체를 골고루 갖춘 전인적 인격체를 지향한다. 그러나 우리나라에서는 개인의 적성과 흥미에 맞는 진로를 계획하기보다 일류 대학에 진학하기 위해 집중하는 경향이 높다. 또한 지식 위주의 단순 암기나 이해에 국한된 교육에 치중하다 보니, 지적 영역 중에서도 수준이 높은 응용, 분석, 종합, 평가와 같은 교육목표는 간과되는 경향이 있다. 그리하여 대학교육에서도 직장에서 실제 필요한 기술과 일을 수행할 수 있는 실무능력이 도외시되어 온 것이 사실이다.

미국 로스앤젤레스 교육청에서는 초등학교부터 대학교에 이르기까지 각급 학교에서 진로교육을 위해 학습자들이 진로포트폴리오(career portfolio)를 작성하도록 하고 있다. 진로포트폴리오는 자아인식, 진로탐색, 진로선택, 진로준비에 이르는 각 단계별 양식으로 구성되어 있는데, 학습자들이 이를 작성함으로써 진로탐색 및 진로의지를 발달시켜 나가도록 교육하는 추세이다. 영국에서는 자격검정에서조차 포트폴리오를 제출받아 수검자의 능력을 평가하고 있다. 한국공학교육학회에서도 포트폴리오에 의한 학습자 평가를 권하고 있으며, 최근에는 학생들의 학습을 보다 광범위하게 평가하고 그들의 지속적인 경력개발과 사회진출을 돕기 위해 대학에서 전공별, 단과대학별로, 혹은 대학 전체 차원에서 포트폴리오 시스템 구축에 관심을 보이고 있다.

최근 채용시장에서 스펙 초월에 대한 이슈가 확산되면서 스펙이 아닌 지원자들의 실무능력과 스토리 중심 채용에 대한 기업들의 선호도가 높아지고 있다. 이에 따라 기업들은 지원자의 획일적인 자기소개서보다는 그들의 역량과 업적, 창의성, 일에 대한 열정 등을 평가하기에 유리한 포트폴리오에 관심을 보이고 있다. 실제 면접 전형을 제외하고는 지원자들의 업무 역량을 평가하기 위해서 포트폴리오 평가를 도입했다는 기업이 늘어나는 추세이기 때문에 이제는 입사를 준비할 때 서류와 면접 전형 외에 평소 포트폴리오 관리에도 주력해야 할 것이다.

　그러나 대부분의 학생이 막상 포트폴리오를 작성하려고 할 때, "어떻게 시작하지?" "포트폴리오에 무엇을 담지?" "그것을 어떻게 활용할까?" "그 것을 어디에 보관해 둘까?" 등에 대한 어려움을 호소한다. 이 책은 '학생포 트폴리오 작성법 및 우수사례'를 주제로 다년간 실시한 특강 내용, 학생지 도 노하우(knowhow) 그리고 학생들의 우수 포트폴리오 사례를 중심으로 기술되었기 때문에 학생들이 실제 포트폴리오를 작성할 때 도움이 될 것이 다. 또한 작성된 포트폴리오를 실제 취업에서 활용할 수 있는 방안을 소개함으로써, 취업 시 준비해야 할 각종 지원서류를 준비하는 데도 도움을 줄 수 있을 것으로 기대한다.

　이 책은 총 3부 8개 장으로 구성되어 있으며, 그 내용은 다음과 같다. '제I부 학생포트폴리오 준비하기'는 '제1장 학생포트폴리오의 이해'와 '제2장 학생포트폴리오의 구성'으로 이루어져 있다. 제1장에서는 학생포 트폴리오의 의미, 유형, 교육적 효과에 대해 다루고 있으며, 제2장에서는 학생포트폴리오의 구성요소, 구성원리, 구성단계를 다루고 있다. '제II부 학생포트폴리오 작성하기'는 '제3장 학생포트폴리오 계획: 입학에서 졸업 까지' '제4장 학생포트폴리오의 구성요소별 작성' 그리고 '제5장 학생포트 폴리오의 디자인'으로 이루어져 있다. 제3장에서는 목표 설정을 위한 직 업탐색, 능력 및 적성 확인을 위한 자아탐색, 미래를 위한 설계 및 역량강 화 계획에 대해 다루고 있고, 제4장에서는 개인정보, 자기탐색, 교과교육 활동, 교내활동, 교외활동, 자격증 및 외국어 활용, 향후 계획, 기타 자료 등의 내용을 다루고 있으며, 제5장에서는 스토리텔링 디자인, 템플릿 디 자인, 시각적 디자인, 요약본 디자인에 대해 다루고 있다. '제III부 학생포 트폴리오 점검하기'는 '제6장 학생포트폴리오의 관리', 제7장 '학생포트폴 리오의 점검' 그리고 제8장 '학생포트폴리오의 활용'으로 이루어져 있다.

제6장에서는 문서철 관리, 개인용 컴퓨터의 폴더 관리, 블로그를 활용한 관리, 학생포트폴리오 지원시스템을 활용한 관리를 다루고 있으며, 제7장에서는 학생포트폴리오 구성요소에 대한 자기 점검, 타인으로부터의 피드백, 외부 심사 기준을 다루고 있다. 마지막으로 제8장에서는 학생포트폴리오의 활용 방법, 역량기반지원서의 이해, 역량기반포트폴리오 요약서 작성에 대해 다루고 있다.

이 책에서 제시하고 있는 학생포트폴리오의 준비에서 작성 그리고 점검 및 활용에 이르기까지의 내용은 학생들이 학생포트폴리오를 실제로 계획하고 작성해 나가는 데 도움을 줄 뿐만 아니라, 작성된 포트폴리오의 내용과 질을 검토하고 활용하는 데도 유용한 가이드라인이 될 것이다. 모쪼록 학생들이 진로개발 및 역량개발을 해 나가는 데 이 책이 길잡이가 되어, 기업체와 사회에서 필요로 하는 전공분야의 실무능력과 인성을 갖춘 유능한 인재 양성에 기여할 수 있기를 기대한다.

최금진, 김혜경

차 례

Ⅲ 학생포트폴리오 점검하기

학생포트폴리오 준비하기

제1장

학생포트폴리오의 이해

학생포트폴리오는 한 개인의 능력과 자질을 증명할 수 있는 성취물과 자료들을 논리적으로 구성하여 자신을 홍보할 수 있는 도구다. 학생들은 입학에서 졸업에 이르기까지의 재학 기간 동안 학생포트폴리오를 꾸준히 관리함으로써, 진로 목표를 설정하고 목표 달성을 위한 자기관리를 할 수 있다. 즉, 자신이 하고자 하는 분야에서 필요한 역량이 무엇인지를 찾고, 자신의 역량 개발을 위한 스펙 관리를 할 수 있다.

1. 학생포트폴리오의 의미

포트폴리오(portfolio)는 라틴어 'portare(나르다)'와 'folium(나뭇잎 또는 종이)'의 합성어로 '나뭇잎이나 종이를 나르다'라는 의미에서 유래되었다. 즉, 포트폴리오는 port의 '움직이다, 운반하다'라는 의미와 folio의 '종이철 (papers)'이라는 두 단어가 합쳐져서 '가지고 다닐 수 있는 자료철'이라는 뜻이 되고, 이는 '서류를 옮긴다(carry sheets)'라는 의미를 지니고 있다(조 한무, 1997; 이제경, 2013). 다양한 분야에서 관심을 가지고 있고, 많은 학 자에 의해 정의되고 있는 포트폴리오의 기본적인 개념을 살펴보면 다음 과 같다.

❖ 포트폴리오는 폴더나 보관함에 들어 있는 서류 또는 수집한 작품을 의미하며, 하나 이상의 분야에서 학습자의 관심, 능력, 진도, 성취, 노력, 성장 등의 증거를 보여 주는 작품 또는 결과물을 의도적으로 모아 놓은 작품집이다(Herman & Winters, 1994).

❖ 포트폴리오는 타인의 눈에 비추어진 특정인의 모습이고(Farr & Tone, 1994), 장기간에 걸친 발달이나 성취를 나타내 보여 주는 의도적이고 선별적인 작업물의 집합이다(Montgomery & Wiley, 2004).

❖ 포트폴리오는 하나 혹은 그 이상의 영역에서 학생들의 노력, 발전 또는 성과를 보여 주는 특별한 목적을 위해 모아진 학생들의 모음집이다(Arter, 1990; 조한무, 1998).

최근 초·중등학교를 비롯하여 대학에 이르기까지 학생포트폴리오에 대한 관심이 높아지고 있다. 대학입시에 입학사정관제가 도입되면서 학생포트폴리오는 중·고등학교 학생들의 진로역량 증빙에 활용될 뿐만 아니라, 대학생들의 취업역량 증빙에도 많이 활용되고 있다. 이렇게 최근 많이 활용되고 있는 학생포트폴리오는 다음과 같은 의미로 주로 사용되고 있다.

❖ 학생포트폴리오는 하나 혹은 그 이상의 영역에서 학생의 경험, 자기반성의 증거를 가지고 있는 학생의 노력, 발달, 성취를 나타내는 학생 과제의 수집물이다(Paulson, Paulson & Meyer, 1991).

❖ 학생포트폴리오는 학생의 발달과 학습에 대한 기록 및 증거물들을 일정한 기간 동안 시간의 흐름에 따라 구체적인 목적을 갖고 의도적으로 모아 놓은 자료와 그에 대한 자기반성 또는 성찰 자료집이라고 할 수 있다(Nathan, 1995).

학생포트폴리오는 자신의 능력과 자질을 획득하기 위해 활동한 경험과

성취물을 모아서 논리적으로 구성한 자료철로서, 자신이 지금까지 갖게
된 능력과 자질에 대한 분석과 자기성찰을 통하여 목표 달성을 위한 노력
을 지속적으로 할 수 있도록 해 준다. 즉, 학생포트폴리오는 산업체 또는
사회에서 필요로 하는 전공분야의 실무능력과 인성을 갖추기 위하여 대
학교에 입학할 때부터 졸업할 때까지 학생 개인별로 노력한 모든 교육성
과를 체계적으로 정리한 소중한 결과물로, 취업이나 진학 시 자신의 능력
을 평가받을 수 있는 중요한 자료가 된다.

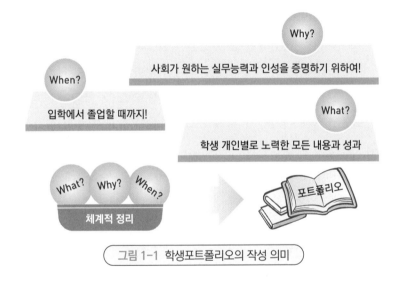

그림 1-1 학생포트폴리오의 작성 의미

2. 학생포트폴리오의 유형

　학생포트폴리오는 활용 목적에 따라 학습포트폴리오, 진로포트폴리오,
취업포트폴리오로 구분할 수 있다. 이 책에서 학생포트폴리오는 이 세 가
지 포트폴리오의 유형을 종합한 개념으로 사용하고 있다.

1) 학습포트폴리오(Learning Portfolio)

학습포트폴리오는 스스로 학습과정을 되돌아보고 학습의 향상 정도, 학습 성향의 장단점 등을 지속적이고 종합적으로 수집·정리한 일종의 자료모음집으로(한안나, 2012), 대학 재학 기간 중 교과목 수강, 정규·비정규 활동 등을 통하여 작성한 과제물, 결과물, 학습성과 등을 회고적 평가(reflective commentary)와 함께 일목요연하게 구성한 일종의 학습노트다. 학습포트폴리오는 강의계획서, 강의노트 및 학습자료 등을 중심으로 구성되며, 자신이 학습한 사항, 중간 및 기말고사 시험을 위해 준비한 사항 그리고 시험 후 분석 사항 등 본인의 학습 스타일에 따라 학습한 내용을 추가할 수 있다. 또한 개인과제물에 대한 준비 내용과 결과물 등 특별히 자신이 제시하고자 하는 자료들도 포함시킬 수 있다. 학습자가 학습포트폴리오를 작성해 나가면서 지속적으로 자신의 학습 내용을 성찰하고, 자기평가를 통해 학습과정에 주체적으로 참여할 수 있으며, 교수자가 학습자에게 의미 있는 피드백을 해 줌으로써 학습자는 학습과정에 대해 구체적으로 지도를 받을 수 있다는 장점을 지닌다(한안나, 2012).

2) 진로포트폴리오(Career Portfolio)

진로포트폴리오는 초등학교 학생부터 중·고등학교 학생의 진로 지도를 목적으로 사용되는 포트폴리오로, 학생들이 주체적이고 능동적으로 진로를 탐색하는 과정을 다양한 수집 자료로 보여 주는 진로에 대한 개인 자료집이다(김미영, 2004). 진로포트폴리오는 진로목표를 달성하기 위한 진전을 보여 주는 성취물로, 학생들이 주체적이고 능동적으로 진로를 탐색하는 과정을 다양한 수집자료로 보여 주는 진로에 대한 개인 자료집 또는 개인의 직업적 능력을 가장 잘 표현할 수 있는 문서나 작품을 모아 놓은 것이다. 진로포트폴리오는 학생들에게는 활동한 결과를 수집하여 자신의 발전과정을 볼 수 있고 자신이 학습의 주체임을 인식시키며, 학생과 학생 그리고 학생과 교사 사이의 상호작용을 증대시킬 수 있다는 장점이 있다. 또한, 진로포트폴리오는 반성적 사고의 기회를 제공하며 자신의 장점이나 약점, 성실성 여부, 잠재가능성 등을 스스로 인식할 수 있도록 돕는다(백순근, 2000).

3) 취업포트폴리오(Employability Portfolio)

취업포트폴리오는 취업 전에 면접할 때 제출하여 자신의 경험과 능력, 비전 등을 고용주로부터 평가받는 것으로(김판욱, 이병욱, 김희필, 2005), 지원자가 지원하는 기업의 인재상에 부합하는 능력과 관련된 지식과 기술, 수상경력, 자격증 등 이력서상에 기재된 사실에 대한 구체적인 증거물을 제시하는 증빙 자료집이다. 지원자는 취업을 위한 면접 시 취업포트폴리오를 제출하여 자신의 경험과 능력, 비전 등을 고용주로부터 평가받을 수 있다. 최근 스펙 초월 전형을 실시하는 기업들은 자기계발 과정이나 자신을 설명하는 자료를 제출할 것을 요구하고 있는 추세이며, 취업포트폴리오는 이러한 전형을 준비하는 과정에서 활용될 수 있다.

3. 학생포트폴리오의 교육적 효과

1) 목표 설정 및 계획(Goal setting and Plan)

학생포트폴리오를 준비하는 과정에서 자신에 대한 탐색을 통해 자신의 적성과 능력수준, 경험을 이해하고, 진로에 대한 계획과 방향, 진로목표를 설정할 수 있다. 학생은 자신이 하고자 하는 직업에 대한 탐색을 통하여 재학 기간 중에 달성해야 할 목표를 설정하고 그에 따른 계획을 수립할 수 있다. 학생들은 목표에 따른 계획을 실천하는 과정을 학생포트폴리오에 기록하여 관리함으로써, 자신의 모습을 재발견할 수 있고 나아가서 자신의 발전을 위해 수행해야 할 구체적인 목표 계획을 수립할 수도 있다.

2) 동기유발(Motivation)

학생들에게 있어 목표를 설정한다는 것은 그 자체가 동기유발이 될 수 있다. 학생들은 학생포트폴리오를 통해 목표를 설정하고 실천해 나가는 과정에서 자신의 역량에 대한 지속적인 분석과 그에 따른 구체적인 계획을 재수립하는 등 학생포트폴리오는 학생들에게 동기를 유발해 주는 효과가 있다. 학생포트폴리오는 자신이 설정한 목표를 달성하도록 하는 길잡이 역할을 하고, 그 과정에서 필요한 교육과정이나 교과 외 활동을 스스로 선택하여 참여하게 하는 촉진제 역할을 한다.

3) 목표 달성을 위한 자기관리(Self-management for goal achievement)

학생들은 자신의 목표 달성 계획에 따라 수행한 활동과 경험, 성취 자료를 체계적으로 정리하고, 자신의 역량개발이 계획대로 잘 이루어지고 있는지 혹은 보완할 점은 없는지 등을 분석하여 학생포트폴리오에 기록함으로써 목표 달성을 위한 실천과정을 점검할 수 있다. 즉, 학생포트폴리오는 자신의 목표를 일상생활 속에서 항상 염두에 두어 목표 달성을 위한 노력을 지속적으로 해 나갈 수 있도록 자기관리를 하게 해 준다.

4) 자기반성(Self-reflection)

학생들은 목표 달성을 위해 과거부터 현재까지 해 온 모든 활동과 경험을 통해 성취한 능력들을 학생포트폴리오를 통해 진단할 수 있다. 예를 들면, 어떤 교과목을 왜 수강하게 되었는지, 교과목 과제활동을 수행하면서 무엇을 배웠고 어떤 어려움이 있었는지, 그 어려움을 어떻게 해결했는지 등을 학생포트폴리오에 기록함으로써 자기 분석을 통한 성찰을 할 수 있다.

학생포트폴리오를 통해 현재 자신의 위치와 상태, 모습뿐만 아니라 진로방향과 목표에 맞추어서 스스로 얼마나 준비를 잘 해 왔는지도 점검할 수 있다. 즉, 학생들은 목표를 달성하기 위해 해 왔던 활동이나 경험 그리고 그것을 통하여 얻게 된 성과들이 진로 목표와 어느 정도 일치성을 보이고 있는지, 목표를 향한 활동에 얼마나 열정을 다했는지, 부족했던 점은 무엇인지, 그것들을 어떻게 채워 나갈 수 있을 것인지를 학생포트폴리오를 통해 반성해 볼 수 있다.

5) 자존감 고취(Promote Self-esteem)

학생들은 학생포트폴리오에 기록된 자신의 모습과 능력이 목표에 도달해 가고 있음을 확인하면서 자신감을 획득하게 되고 자존감이 고취될 수 있다(김판욱 외 2005). 자신이 성취한 다양한 업적에 관련된 자료를 학생포트폴리오를 통해 정리하여 축적해 나감으로써, 자신의 성실함에 대해 뿌듯함을 느낄 수 있고 자신의 능력에 대한 자신감 등을 가지게 된다. 또한, 현재까지 자신이 해 온 노력과 그 결과물을 통해 자신도 유능한 사회인이 될 수 있다는 확신을 갖게 되어, 목표 달성을 위한 계획을 순차적으로 재수립함으로써 활기차고 성실하게 생활할 수 있게 된다.

6) 타인이해 증진(Improve Others understanding)

학생포트폴리오는 학교생활뿐만 아니라 교과 외 활동 등 다양한 활동과 경험, 능력을 모두 모아 놓은 자료집이다. 학생들이 서로의 포트폴리오를 공개한다면 학생 상호 간의 이해를 증진하는 데 큰 도움을 줄 수 있고, 자신의 것과 비교를 하면서 다른 학생의 포트폴리오를 통해 많은 정보를 얻을 수 있다(박상순, 2011).

학생들은 학교생활을 통해서 알지 못했거나 막연하게 알고 있던 동료의 다양한 활동과 경험 등을 포트폴리오를 통해 구체적으로 확인할 수 있다. 학생들은 학생포트폴리오 발표회를 통해 다른 학생의 포트폴리오를 보면서 서로에 대해 미처 알지 못했던 상대방의 장점과 개성을 심층적으로 이해하게 됨으로써, 상대방에 대한 종합적 · 전인적 이해를 기초로 깊이 있는 인간관계를 형성할 수 있게 된다.

또한, 자신이 작성한 학생포트폴리오를 다른 학생들과 비교 · 검토함으로써 자신을 보다 잘 표현할 수 있게 될 뿐만 아니라 자신에게 도움이 되는 정보를 얻을 수도 있다. 만약 자신의 부족함을 발견한다면 자신의 잠재능력을 발휘하기 위해 더욱 열심히 하는 계기가 될 수도 있다.

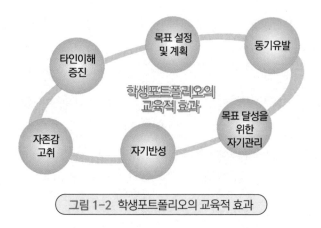

그림 1-2 학생포트폴리오의 교육적 효과

제2장

학생포트폴리오의 구성

학생포트폴리오는 자신이 목표지향적인 삶을 살아가고 있음을 증빙하는 자료와 자신이 노력해서 성취한 역량들에 대한 증빙자료로 구성된다. 그러나 학생포트폴리오는 단순한 자료모음집 이상의 의미로서, 자신의 학습이나 계획을 주도해 나가는 도구이기 때문에 자신의 활동에 대한 성찰을 반영하는 것이 중요하다(손영민, 2014). 학생포트폴리오의 내용을 구성하기 위해서는 우선적으로 자신과 관련된 자료를 문서화하여 수집하고, 수집된 자료에 대한 성찰을 통해 자신의 지속적인 발전을 계획해야 한다. 또한, 학생포트폴리오는 자신이 지닌 능력을 객관적이고 신뢰롭게 표현하고자 하는 학생들에게 효과적인 'Self-marketing Tool'이 될 수 있기 때문에(Frank & D'orsi, 2003), 자신의 능력을 효과적으로 전달할 수 있도록 작성해야 한다.

1. 학생포트폴리오의 구성요소

학생포트폴리오는 자신의 취업역량을 형성하고 그 과정을 증빙할 수 있는 모든 자료를 토대로 구성할 수 있다. 특히 학습자의 학습과정, 목표, 노력, 태도, 교육 활동, 성과물 등의 다양한 자료를 취업역량을 증빙하기 위한 목적으로 체계적이고 논리적으로 구성해야 한다. 일반적으로 학생 포트폴리오는 개인활동자료, 학습계획서, 학습결과물, 각종 자격증, 연수 경력보고서, 봉사활동보고서, 어학연수보고서, 수상경력이나 장학증서, 상담교수와의 면담자료, 연구제안서와 연구논문 등 학생 개인능력의 성취를 판단할 수 있는 모든 증거자료로 구성된다.

학생들이 자신의 개성을 살린 독창적인 포트폴리오를 작성하기 위해서는 일반적인 구성요소를 포함하되, 삶의 목표를 달성하기 위한 계획과 그에 따른 활동증빙 자료를 수집하여 창의적으로 구성하여야 한다. 취업을 위한 학생포트폴리오에는 취업목표 설정을 위한 자기분석 자료, 목표 달성을 위한 다양한 활동증빙 자료, 활동을 통해 획득한 능력증빙 자료 그리고 자신의 미래설계 자료 등이 포함될 수 있다. 요컨대, 학생포트폴리오

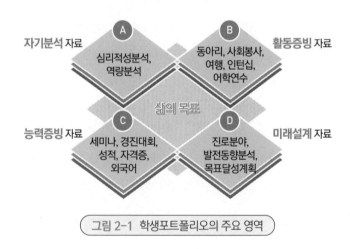

그림 2-1 학생포트폴리오의 주요 영역

학생포트폴리오의 구성요소

1) 개인정보	2) 자기 탐색
3) 교과교육활동	4) 교내활동
5) 교외활동	6) 자격증 및 외국어 활용
7) 향후 계획	8) 기타 자료

는 자신이 항상 목표를 염두에 두고 목표중심적인 생활을 해 왔음을 증빙
할 수 있는 자료들로 구성하여야 한다.

1) 개인정보

(1) 이력서(이력서 작성이 어려울 경우 개인카드로 대체)
(2) 자기소개서
(3) 지도교수 상담일지
(4) 기타 해당 자료

2) 자기 탐색

(1) 성격, 성향관련 검사결과표(MBTI, 직업선호도 검사 등)
(2) SWOT 분석
(3) 주변인 설문조사 분석 내용
(4) 기타 해당 자료

3) 교과교육활동

(1) 교과과정 이수현황표
(2) 성적증명서
(3) 주요 교과목 과제물
(4) 졸업작품, 설계 포트폴리오
(5) 각종 인턴/실습/연수 등 교과과정과 연계한 현장학습 실적
(6) 졸업논문, 국내외 학술행사/학술지 발표 논문 등
(7) 기타 학습성과 성취를 증빙할 수 있는 자료

4) 교내활동

(1) 교내활동 전체 목록표
(2) 동아리 활동 내역서
(3) 학생회 활동 내역서
(4) 학회 활동 내역서
(5) 봉사 활동 내역서
(6) 연구실 활동 내역서
(7) 그룹스터디 활동 내역서
(8) 근로학생 활동 내역서
(9) 기타 해당 자료

5) 교외활동

(1) 교외활동 전체 목록표
(2) 공모전 활동 내역서
(3) 홍보대사 활동 내역서
(4) 아르바이트 활동 내역서
(5) 인턴 활동 내역서
(6) 봉사(교외, 해외) 활동 내역서
(7) 교환학생 활동 내역서
(8) 해외연수 활동 내역서
(9) 기타 해당 자료

　　※ 수료증, 이수증, 참가증이 있을 경우, 해당 활동 내역서 뒤에 자료로 첨부한다.

6) 자격증 및 외국어 활용

(1) 자격증 취득 목록표
(2) 직무 관련 취득 자격증
(3) 컴퓨터 활용 능력 관련 취득 자격증
(4) 기타 자격증
(5) 외국어 취득 목록표
(6) 영어 시험 성적표
(7) 기타 외국어 시험 성적표

7) 향후 계획

(1) 나의 목표
(2) 목표 달성을 위한 구체적 계획
(3) 기타 해당 자료

8) 기타 자료

(1) 추천서(교수님, 부모님, 친구, 선배, 아르바이트 사장님 등)
(2) 취미활동 관련 내용
(3) 블로그, 트위터, 페이스북 등 인터넷커뮤니티 활동 내용
(4) 인맥 구성도
(5) 감명 깊게 읽은 책, 나에게 희망을 심어 준 책

    ※ 위의 항목은 예시이므로 참고하기 바람.

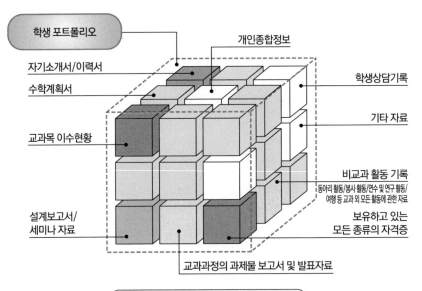

그림 2-2 학생포트폴리오의 구성요소

취업을 위한 학생포트폴리오의 구성요소

1) 학업을 통해 얻은 기술(Academic Skills)
 - 성적표 사본
 - 어학능력성적표 / 컴퓨터 능력 자격증
 - 각종 상장
 - 프로젝트 자료 / 발표 자료 / 전시작품 사진
 - 독서목록, 구독 학회지 목록, 신문·잡지 등
 - 전공 관련 능력 증빙 자료

2) 팀워크 기술(Teamwork Skills)
 - 팀 프로젝트 수행 시, 의사소통 능력·협동심·리더십 등을 나타내는 자료

3) 자기관리 기술(Personal Management Skills)
 - 계획수립 및 수행실적, 목표관리 관련자료
 - 건강관리(운동 등)
 - 개근상

4) 직무 관련 경력
 - (직무 관련) 아르바이트에서 얻은 현장 경험 증명서
 - 인턴십에서 습득한 직무 기술
 - 산학협동 교육수료증
 - 창업 관련 활동

5) 교외활동
 - 봉사(교외, 해외) 활동 내역서
 - 교환학생 활동 내역서
 - 해외연수 활동 내역서
 - 여행, 취미, 수집(우표, 동전 등) 활동

6) 진학 및 취업역량 개발 계획
 - 단기/장기 목표 설정 및 목표 달성을 위한 구체적 계획
 - 목표 설정에 대한 자신의 신념
 - 자신의 강점 및 개선점 분석

2. 학생포트폴리오의 구성원리

학생포트폴리오를 작성함에 있어서 가장 중요한 것은 자료를 모으는 활동이다. 학생포트폴리오를 구성하는 자료의 유형은 첫째, 자격증, 성적증명서 등과 같이 외부로부터 수집된 자료, 둘째, 동아리, 봉사, 인턴십 등의 다양한 경험이나 경력을 요약 및 정리하여 만든 자료, 셋째, 수집된 자료를 분석 및 성찰하여 만든 자료 등이다. 학생포트폴리오 구성의 핵심원리는 다음과 같다(신선경, 2009).

1) 문서화(Documentation)

학생은 자신의 포트폴리오에서 개인정보 및 학업수행 관련 자료뿐만 아니라 자신의 관심과 노력, 성취 그리고 자신의 능력을 입증할 수 있는 모든 자료를 문서화하여 체계적으로 정리하여야 한다. 포트폴리오는 짧은 기간에 작성하기 어렵기 때문에 목표 달성을 위해 노력해 온 모든 수행결과물을 그때그때 작성하여 지속적이면서도 체계적으로 정리해 두는 것이 중요하다.

2) 자기성찰(Reflection)

학생은 자신이 수행한 결과물 자료를 차곡차곡 모아 두는 것 외에 수집된 자료를 통해 자기이해와 객관적인 자기평가를 하여야 한다. 객관적인 자기평가를 통해서 자기 자신의 변화 및 발전과정을 스스로 성찰할 수 있다. 따라서 학생포트폴리오에는 목표를 위해 무엇을 얼마나 어떻게 해 왔는가와 같은 자신의 변화과정에 대한 분석과 자신의 학업 및 삶에 대해 평가·점검하는 내용을 포함하는 것이 중요하다.

3) 효과적 전달(Communication)

학생포트폴리오는 사회 진출 시 자신이 노력해 온 목표 달성 과정과 성취 능력을 평가자(교수, 산업체 등)가 한눈에 파악할 수 있도록 효과적으로 작성되어야 한다. 학생포트폴리오는 자기 자신뿐만 아니라 다른 사람들에게도 평가받는 도구로 활용될 수 있기 때문에 짧은 시간에 본인의 능력을 효과적으로 알릴 수 있도록 체계적으로 정리하여야 한다.

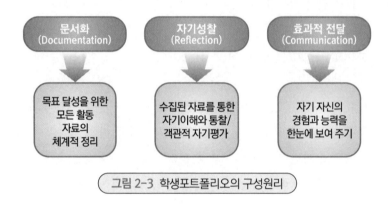

그림 2-3 학생포트폴리오의 구성원리

3. 학생포트폴리오의 구성단계

학생포트폴리오는 그 목적에 따라 내용구성이나 작성방법에서 다소 차이가 나타날 수 있다. 대체로 학생포트폴리오의 제작은 포트폴리오 계획하기, 증거 자료 수집하기, 자료 성찰하기, 자료 보완하기, 바인딩하기의 다섯 단계로 이루어진다.

1) 포트폴리오 계획하기

학생포트폴리오를 계획하기 위해서는 먼저 자신이 누구인지(Who am I?),

어떤 적성과 능력을 가지고 있는지를 객관적인 자료를 통해 정확하게 판단하여 자기진단(self-assessment)을 한 후, 자신에게 맞는 경력 경로 및 자기계발을 위한 계획을 스스로 수립하여야 한다. 이때, 포트폴리오 목적 설정, 자신이 하고자 하는 분야의 역량 및 자질에 대한 조사, 자신이 가지고 있는 역량 분석, SWOT 분석 등을 통하여 구체적인 목표 달성을 위한 계획을 수립할 수 있다.

2) 증거 자료 수집하기

학생포트폴리오 작성 계획을 수립한 후에는 관련 증거 자료를 수집하여야 한다. 학생포트폴리오를 구성하기 위해서는 목표 달성을 위한 활동 증빙 자료, 목표 달성 과정에서 획득된 능력 및 기술 등 역량 증빙 자료, 기업의 인재상에 부합하고 채용 분야의 업무 수행에 필요한 자신의 역량 등을 증빙할 수 있는 자료를 수집하여야 한다.

3) 자료 성찰하기

학생포트폴리오를 완성하기 전에 포트폴리오의 구성항목과 수집된 자료가 적합한지를 확인하여야 한다. 포트폴리오의 구성항목에 대해 성찰하기 위해서는 어떤 증빙 자료를 포트폴리오에 포함시킬 것인지, 강조하고 싶은 자신의 경험이나 능력이 잘 드러나고 있는지를 검토하여야 한다. 또한, 포트폴리오의 내용이 기업에서 요구하는 역량 및 인재상에 부합하는 자신의 핵심역량을 증빙하고 있는지, 기업업무와의 연관성이 높도록 구성되어 있는지, 자신의 목표 및 미래 계획이 잘 드러나고 있는지 등을 검토하여야 한다.

4) 자료 보완하기

학생포트폴리오의 자료를 성찰한 후 자료를 보완하기 위해서는 수집된 자료들이 가능한 한 최신의 자료로 구성되었는지, 결과물뿐만 아니라 목표 달성을 위한 계획과 그 실현 과정을 표현하고 있는지를 확인하고 보완하여야 한다. 또한, 작성된 포트폴리오의 전반적인 내용과 구성에 대해 동료학생, 지도교수, 학부모 등 다양한 사람으로부터 조언 및 피드백을 받아 보완할 수 있으며, 보다 수준 높은 포트폴리오를 완성하기 위해서는 포트폴리오 전문가의 컨설팅을 통해 수정·보완할 수 있다.

5) 바인딩하기

학생포트폴리오를 완성하기 위해서는 바인딩을 할 필요가 있다. 바인딩은 바인더, 클리어파일, 스크랩북 등을 활용할 수 있고, 분량이 많은 자료는 디스켓이나 CD를 활용하여 함께 바인딩을 할 수 있다. 바인딩을 할 때에는 포트폴리오의 겉표지 디자인이나 페이지 배열 등을 개성 있게 하고, 언제든지 자료의 수정·보완이 용이한 바인더를 활용하는 것이 효과적이다.

그림 2-4 학생포트폴리오의 구성단계

II 학생포트폴리오 작성하기

제3장

학생포트폴리오의 계획:
입학에서 졸업까지

학생포트폴리오를 계획하기 위해서는 자신이 하고자 하는 직업분야에 대한 탐색이 먼저 이루어져야 하며, 이를 토대로 자신의 진로를 위한 구체적인 목표를 설정하여야 한다. 그다음은 자신에 대한 탐색 단계로, 자신의 적성·능력·경험을 탐색하여 현재의 모습을 진단함으로써, 목표 수준과 현재 자신이 가지고 있는 능력 간의 차이를 분석할 수 있다. 마지막 단계는 미래를 위한 설계 및 역량강화 계획을 수립하는 단계로, 자신이 보완해야 할 역량개발을 위한 구체적인 미래 계획을 수립할 수 있다.

1. 목표 설정을 위한 직업탐색

목표 설정을 위해서는 직업탐색이 필요하다. 먼저, '나는 무엇을 하기를 원하는가(What do I want to do)?'와 관련하여, 자신이 희망하는 직업, 유망한 직업, 해 보고 싶은 직업 등을 탐색한다. 자신이 희망하는 직업의 주된 활동, 이 직업에서 요구하는 대인관계, 이 직업 종사자의 특징, 지리적 위치, 경제상황, 이 직업을 위해 필요한 기술 등을 분석한다(송원영, 김지영, 2009). 또한, '나는 어떤 회사에서 일을 하기를 원하는가(Where do I want to do it)?'와 관련하여, 직업 전망, 직업이 요구하는 역량들, 진로 계획, 자기계발 계획 등을 수립한다. 이 직업을 위해 대학에서 준비해야 하는 것과 희망하는 직업의 5년 또는 10년 후의 전망, 직업관련 전문가로서의 성장 가능성 등을 탐색한다.

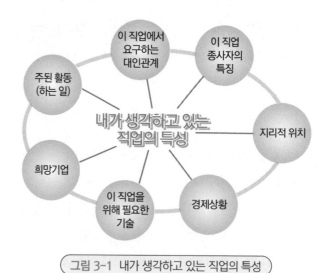

그림 3-1 내가 생각하고 있는 직업의 특성

그림 3-2 기업의 홈페이지 사례: ㈜ 포스코

이 단계에서는 취업하고자 하는 특정 분야 또는 기업을 선정하고 기업에서 요구하는 인재상 및 업무 분석을 통해 업무에서 필요한 관련 경험, 기술, 역량 등을 추출한다. 기업의 인재상과 채용하고자 하는 분야의 업무분석을 확인하기 위해서는 평소에 스크랩해 온 신문기사, 해당 분야에서 일하고 있는 선배 그리고 해당 기업의 홈페이지 등을 활용할 수 있다.

TIP 주요 기업의 인재상

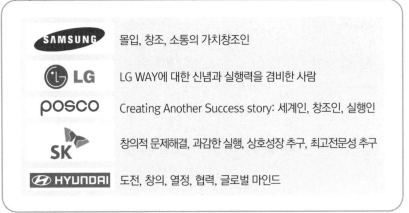

SAMSUNG	몰입, 창조, 소통의 가치창조인
LG	LG WAY에 대한 신념과 실행력을 겸비한 사람
posco	Creating Another Success story: 세계인, 창조인, 실행인
SK	창의적 문제해결, 과감한 실행, 상호성장 추구, 최고전문성 추구
HYUNDAI	도전, 창의, 열정, 협력, 글로벌 마인드

TIP 목표설정 기술: SMART

Specific(구체적인)
- 목표는 구체적이고 명확하게 작성하여야 함.
- 행동을 강조하여야 하고 기대되는 결과를 제시하여야 함.

Measurable(측정 가능한)
- 목표는 측정 가능하여야 함.
- 평가방법이 규명되어야 하고, 과정을 행동으로 확인할 수 있어야 함.

Achievable(달성 가능한)
- 목표는 항상 달성 가능하여야 함.
- 너무 추상적이지 않고, 어느 정도 노력을 기울여서 성취 가능하여야 함.

Realistic(실제적인)
– 목표는 실제적이어야 함.
– 목표를 달성하기 위한 과제나 스킬 등이 실제로 존재하여야 함.

Time-Bound(마감기한이 있는)
– 목표를 성취하기 위한 마감기한이 있어야 함.
– 이 기한 동안 성취 가능하여야 하며, 목표 달성 여부를 확인할 수 있어야 함.

* 목표진술 사례

적절하지 않은 사례	적절한 사례
영어공부 하기	1학년 말까지 TOEIC 750점 취득하기
학점 향상시키기	이번 학기 평점 3.5 이상 달성하기
봉사 활동 하기	1년 동안 50시간 봉사 활동 하기

2. 능력 및 적성 확인을 위한 자아탐색

　자신의 능력과 적성을 확인하기 위해서는 자아탐색이 필요하다. 먼저, '나는 누구인가(Who am I)?'라는 질문으로 나의 관심사항, 좋아하는 분야, 잘하는 활동 및 분야(interest), 나의 특성 및 장단점(personality), 내가 잘할 수 있는 것과 없는 것(skill)을 기술할 수 있다. 또한, '내가 왜 그 일을 하고 싶어 하는가(Why do I want to do it)?'라는 질문으로 희망하는 직업과 관련하여 자신이 성취한 업적, 상을 받거나 독특한 성취에 대한 평가, 학교 이외의 공모전, 기고 논문 등 관련 서류를 통해 자신의 업적 및 성취에 대한 자료를 분석할 수 있다. 해당하는 직업과 관련해서는 내가 수강한 과목, 전공 및 전산 관련 자격증, 어학 인증 시험 점수 또는 등급표, 워크숍 및 연수과정 수료의 증거 등을 분석하여 자신의 능력이나 적성을 탐색할 수 있다.

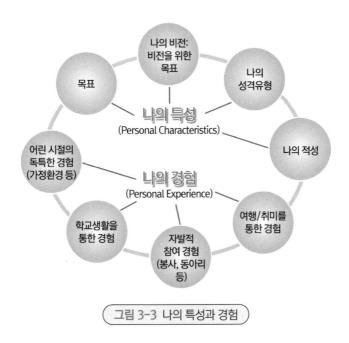

그림 3-3 나의 특성과 경험

　이 외에도 자아탐색을 하는 방법은 다양하다. 학생들 사이에 가장 많이 쓰이는 방법이 SWOT 분석인데, 이는 자신의 강점, 약점, 위기, 기회요인 등 자신과 자신을 둘러싼 환경에 대한 분석으로 자신을 이해하는 방법이다. 또한, 좀 더 정확하고 객관적인 자아탐색을 하고자 한다면 각종 진로 관련 심리검사도구들을 활용하여 자신을 풍부하게 이해할 수 있는 정보를 수집하고 분석할 수도 있다. 예를 들면, 성격유형검사(예: MBTI), 직업적 성검사(예: Holland Test), 학습유형검사(예: U&I Test) 등을 활용할 수 있다.

　자기분석을 할 때에는 과거부터 현재까지의 자기경험을 분석하여 핵심 역량 리스트별로 자신의 역량수준을 평가함으로써, 자신이 하고 싶은 일을 파악하여 진로를 결정할 수 있는 기준을 탐색하는 것이 중요하다. 즉, 자신의 과거와 현재를 분석함으로써 자신을 심층적으로 이해하고 자신이 진정 바라는 미래의 모습을 탐색하며, 궁극적으로는 진로 및 직업을 발견하는 것이 바람직하다.

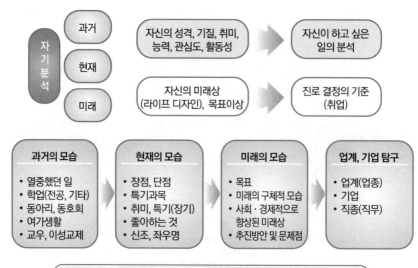

그림 3-4 직업적 자기분석의 과정과 방법(송원영, 김지영, 2009)

3. 미래를 위한 설계 및 역량강화 계획

자신의 미래를 설계하기 위해서는 정확한 자기분석을 통하여 자신의 과거와 현재를 성찰하고, 그것을 기초로 미래에 어떤 일을 할 것인지에 대한 설계를 구체적으로 구상하여, 이를 달성하기 위한 역량강화 계획을 세워야 한다. 직업탐색과 자신에 대한 탐색결과에 근거하여 체계적인 진로목표를 결정하고, 이를 달성하기 위한 진로계획 로드맵을 수립한다. 진로목표는 단기 및 중장기 목표 등의 시기별 목표로 구분하여 설정한다. 학생포트폴리오는 목표 달성을 위한 미래 설계도(진로 계획표) 또는 역량강화 계획표의 역할을 하게 되어 학생들의 자기관리에 도움을 준다.

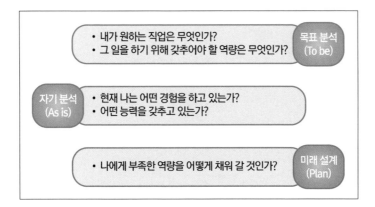

그림 3-5 미래 설계를 위한 역량강화 계획

제4장

학생포트폴리오의 구성요소별 작성

1. 개인정보

개인정보는 포트폴리오의 구성상 앞부분에 위치하므로 포트폴리오의 첫인상을 효과적으로 표현하여 포트폴리오에 대한 관심도를 높이는 역할을 할 수 있어야 한다. 개인정보를 작성할 때에는 일반 문서 형식보다는 표 형식으로 작성하는 것이 전체적으로 정리된 느낌을 줄 수 있어 효과적이다. 개인정보 양식에서 가장 많이 활용되는 것이 이력서와 자기소개서인데, 이력서는 개인의 보유 능력을 제시하는 것이고, 자기소개서는 개인능력의 달성과정 및 경험을 보여 줄 수 있는 자료다.

개인정보의 세부항목

1. 이력서
2. 자기소개서
3. 기타 해당 자료

1) 이력서

이력서를 통해 인사 담당자는 입사 지원자를 최초로 만나게 되기 때문에 이력서는 취업 성패의 첫 관문이라고 할 정도로 중요하다. 이력서는 취업을 원하는 모든 사람이 필수적으로 준비해야 하는 것으로, 인터넷에서 손쉽게 다운받을 수 있는 일반적인 이력서 양식을 수정 없이 사용하게 될 경우 작성자마다 다른 각자의 강점을 드러내기 어렵다. 따라서 자신에게 적합한 이력서 양식을 선택할 필요가 있으며, 자신에게 해당되지 않는 내용이나 항목은 삭제하거나 수정해서 자신만의 이력서 양식으로 구성하는 것이 좋다. 즉, 자기 자신의 표본 이력서(Sample Resume) 양식을 작성하여 개인 신상의 일반 사항(생년월일, 성별, 주소, 전화번호, 사진 등), 학력, 경력(기관에서 수행한 프로젝트, 담당 업무와 성과), 보유 기술(승용차 운전, 언어 능력 포함), 보유 자격증 등을 정리하고 관리할 필요가 있다. 이력서를 직접 작성해 보아야만 자신이 채울 수 없는 공란이 얼마나 많은가를 체감할 수 있을 것이며, 어떤 노력을 기울여야 하는가를 구체적으로 파악할 수 있을 것이다.

📖 TIP 이력서 작성

- **나만의 이력서 형식을 만든다.**
  책에 실린 예시나 친구의 이력서 형식을 빌려서 자신의 이야기를 채우는 방식으로는 자신을 효과적으로 알릴 수 없다. 이력서 샘플을 종합하여 모든 항목이 포함될 수 있도록 나만의 표준 이력서 양식을 만들어서 종합적으로 개인정보를 관리한다.

- **사진을 미리 준비하여 규격에 맞게 붙인다.**
  사진은 최근 3개월 내 촬영한 밝은 모습의 것을 골라 규격에 맞게 붙인다. 하지만 이력서의 작은 사진 부착란에 연연해 사진을 손상시켜서는 안 된다. 대부분의 기업이 온라인 접수를 하므로 적당하게 편집한 스캔본도 미리 준비하는 것이 좋다.

- **빈칸을 남김없이 쓰려고 노력한다.**
  이력서 및 입사지원서에 빈칸을 남길 경우, 인사 담당자는 자칫 성의 없다고 생각할 수 있다. 지원자가 많이 몰릴 경우 인사 담당자는 단지 빈칸의 유무로 합격 여부를 결정하기도 하고, DB 검색 프로그램으로 걸러 내기도 한다. 지원하려는 회사에 대한 최소한의 예의라고 생각하고 주어진 칸은 모두 채우려고 노력해야 한다.

- **반드시 교정 작업을 거쳐야 한다.**
  사소하지만 중요한 문제로, 이력서 작성이 끝난 뒤에는 몇 번이고 오타나 어색한 문장은 없는지 확인해야 한다. 내용이 아무리 좋더라도 사소한 실수가 취업의 당락에 치명적으로 영향을 미칠 수 있다.

- **모든 내용은 과장 없이 솔직하게 쓴다.**
  허위 사실이나 과장된 내용을 기재하였을 경우, 서류에서 통과가 되더라도 결국 면접에서 걸러지게 되고, 설사 최종 합격이 되더라도 이로 인해 합격이 취소될 수 있으므로 가급적 솔직하게 쓴다.

- **간단명료하게 기술한다.**
  인사 담당자가 한 사람의 이력서에 투자하는 시간은 평균 30초 내외 정도다. 그러므로 인사 담당자가 짧은 시간 내에 지원자의 인적 사항을 파악할 수 있도록 간단명료하게 기재하되, 맞춤법에 틀리지 않도록 주의한다.

- **경력을 드러낸다.**
  자신의 능력이나 성취한 내용을 드러내는 이전 경력에 대해서는 구체적으로 서술하는 것이 좋다. 다양한 경력을 가진 사람이라면 지원하는 회사가 요구하는 부분을 강조하도록 한다.

〈표 4-1〉 이력서 양식

이 력 서

인적 사항		
이름		사진
생년월일		
주소		
연락처		
E-mail		

학력 사항		
년 월 일	학교명	전공 분야

경력 사항(외부활동)		
기간	기관명	담당 업무

수상 경력		
수상 내역	날짜	수여 기관

자격 사항		
자격증명	취득일자	발행 기관

어학 성적		
어학 시험 종류	취득일자	발행 기관

해외 연수		
취득 레벨	교육 기간	교육 기관

봉사 활동		
활동명	활동 기간	활동 기관

보유 스킬		
활용 스킬명	수준	세부 내용

TIP 이력서 경력란 작성 방법

1. 모집 직종과 관련된 분야의 경력을 부각시킨다.
아무리 다양한 경력을 갖고 있더라도, 정작 도움이 되는 것은 모집 직종과 관련된 경력뿐이다. 경력 작성 시에는 지원하는 직종과 관련된 경력이나 그 일을 하는 데 도움이 될 만한 경력만 집중해서 부각시키도록 한다. 지원 분야와 관련된 경력은 기간, 업무, 직책 등을 꼼꼼히 챙겨 기술하고, 관련 분야와 상관 없는 경력은 과감히 빼는 것이 좋다.

2. 관련 분야 아르바이트 경험을 경력으로 작성한다.
대학생의 경우에는 관련 분야 경력이 없을 수 있기 때문에, 관련 분야 아르바이트 경험이 있다면 단순 아르바이트라도 어느 정도는 경력으로 인정될 수 있다. 단기간이라도 관련 분야의 아르바이트 경험은 경쟁력을 가지므로 경력란에 작성한다.

3. 단순 나열보다는 성과 위주로 작성한다.
경력사항을 작성할 때는 단순히 기업명, 업무, 근속 연수 등을 늘어놓는 단순 나열식보다는 자신이 해 온 업무 노력과 성과를 자세히 기술하는 것이 효과적이다.

#1. 내가 걸어온 길 국문이력서

이름	김태희	영문	Kim taehee	한문	
휴대폰				나이	22세
E-mail		개인정보			
Homepage					
주소					

학력 사항

년, 월	학교명	구분	전공
2014.02.	○○대학교	졸업예정	생체의공학과
2010.02.	□□여자고등학교	졸업	이공계열
2005.02.	△△여자중학교	졸업	—

활동 사항

기간	활동 내용	활동 구분	기간 및 장소
2013.07.~2013.07.	대구경북과학기술원 인턴십	연구	대구경북과학기술원
2013.01.~2013.02.	한국한의학 연구원 fMRI 영상처리 인턴십	연구	한국한의학연구원
2011.12.~2012.09.	○○대학교병원 fMRI 실험 보조 연구원	연구	○○대학교병원
2011.12.~2012.12.	한의지식공학 연구실 fMRI data 연구	연구	○○대학교 전자정보대학
2011.07.	UIJ제정 Peace bar Festival	학생참관단	○○대학교
2011.03.~2011.09.	○○대학교 바로처리실	근로학생	○○대학교 바로처리실

어학

언어	시험	점수	기관
영어	TOEIC	750	ETS
영어	TEPS	547	서울대학교

수상 내역

수상연도	상세 내용	기관
2013	제5회 정부학자금 지원 수기공모전	교육부
2012	학업우수상(학과수석)	○○대학교
2011	전국스피치경연대회 대상	전국경제인연합회

그림 4-1 이력서 작성 사례

2) 자기소개서

자기소개서는 자기 자신에 대한 총체적 기록으로 취업 시 이력서와 함께 대부분의 기업에서 요구하는 자료다. 입사 지원자 모두가 비슷한 스펙의 이력서를 가지고 있는 요즘, 자기소개서는 서류전형의 핵심이라고 할 수 있다. 이력서가 자신에 대한 하드웨어적인 요소를 정리하고 있다면, 자기소개서는 자신에 대한 소프트웨어적인 요소를 담고 있다고 볼 수 있다.

자기소개서는 일반적으로 지원동기, 성장배경, 경력사항, 학창시절의 활동, 성격의 장단점, 입사 후 포부 등의 항목을 포함하고 있으며, 이 모든 항목을 자신의 경험을 중심으로 설명하는 것이 중요하다. 지원하려는 회사와 하고 싶은 일에 대해 평소 얼마나 준비했는지를 체험이 나타나는 구체적인 글로 기술해야 한다. 특히 자기소개서는 자신의 경험을 주로 업무와 관련하여 기술함으로써 자신의 직무역량이 드러나게 작성하는 것이 좋다.

자기소개서는 입사 지원 시점이 아니라 대학 재학 기간 중에 작성해 볼 필요가 있다. 또한, 하나의 자기소개서를 여러 기업에 제출하기보다는 지원하는 기업에 따라 자기소개서를 각각 작성하여 관리하는 것이 좋다. 그리고 자기소개서는 마치 웅변가처럼 화려한 수식어를 사용하기보다 자신의 진심을 보여 주는 내용으로 간결하게 기술하고, 남들이 갖지 못한 스펙을 나열하기보다는 자신만의 열정을 보여 줄 수 있는 내용으로 써야 한다. 거창한 일은 아니어도 자신이 지금까지 경험해 온 개인적인 사연을 앞으로 회사에서 맡게 될 업무와 자연스럽게 연계시키는 자기소개서를 준비한다면 깊은 인상을 줄 것이다. 최근 '스토리가 스펙을 이긴다'는 말이 유행하고 공기업을 중심으로 스펙 초월 전형이 늘어 가고 있는 만큼 자기소개서의 중요성은 더욱 커진다고 할 수 있다.

그림 4-2 자기소개서의 구성내용

〈표 4-2〉 자기소개서의 구성내용

지원동기	• 지원한 분야와 관련하여 무엇을 준비하였으며 준비 과정을 통해 얻은 것은 무엇인가? • 회사를 지원하는 데 있어서 어떤 점이 선택 요인으로 작용하였는가?
성장배경	• 부모님의 교육관이나 가정환경에서 현재 가치관을 얻게 된 특별한 사건이나 계기는 무엇인가? • 지금도 그 가치관(생활방식)을 유지하기 위해 어떠한 노력을 하고 있는가?
경력사항 (아르바이트)	• 지금까지 했던 사회적 경험(봉사, 아르바이트, 취미)은 무엇이었으며, 이런 경험을 통해 얻은 교훈이 지원하고자 하는 회사, 직무, 신입사원 생활에 어떤 도움을 줄 수 있는가?
학창시절	• 전공을 통해 얻게 된 것은 무엇이며 전공 외 봉사 활동이나 해외 연수 등을 통해 알게 된 것은 무엇인가? • 교육훈련을 받거나 세미나, 프로젝트 경험을 통해 얻은 지식, 기술, 자세적인 측면에서의 강점은 무엇인가?
성격의 장단점	• 지원한 직무와 관련하여 자신의 성격의 장점은 무엇인가? • 단점으로 인한 실패를 극복한 사례는 어떤 것이 있는가?
입사 후 포부	• 내가 회사의 발전을 위해 어떤 기여를 할 수 있으며 개인적인 발전을 위해 해야 하는 일은 무엇인가? • 앞으로의 목표와 신입사원으로서 실천할 수 있는 구체적 공약은 무엇인가?

〈표 4-3〉 자기소개서 양식

자 기 소 개 서
지원동기
성장배경
경력사항
학창시절의 활동
성격의 장단점
입사 후 포부

TIP 자기소개서 작성 방법

1. 결과보다는 과정이 중요하다.
'무엇을 이루었는가' 하는 자기 실적의 나열이 아닌, '그것을 위해 어떤 노력을 해 왔는가'를 중심으로 기술한다. 다양한 활동도 중요하지만 그 활동을 통해 무엇을 얻었는지를 보여 주는 것이 중요하다. 성공한 경험뿐만 아니라 실패한 경험도 자신의 성숙에 도움을 준 것으로 기술한다면 신뢰감을 줄 수 있다. 또한, 자신이 지니고 있는 좋은 점이나 특기사항을 구체적으로 언급할 필요가 있다. 특히 업무수행상 도움이 될 수 있는 특기사항은 자신의 체험과 함께 자세히 기술한다.

2. 일관성 있고 유기적으로 기술한다.
성장과정, 학습경험, 교내외 활동, 지원동기, 진로계획, 장래희망 등은 각각 별개의 내용이 아니라 자신의 목표를 향해 서로 긴밀히 연결된 것으로 기술하는 것이 논리적으로 설득력을 가진다. 직무에서 요구되는 능력을 자신의 경험을 통해서 획득할 수 있었음을 구체적으로 기술한다.

3. 진솔하고 객관적으로 써야 한다.
자기소개서는 자신을 소개하는 글이지만 자기 주관에 휩싸여 서술하면 설득력을 지닐 수 없다. 비록 자신의 이야기일지라도 객관성을 유지하면서 진솔하게 작성해야 한다.

4. 지원하는 기업에 맞는 맞춤형 자기소개서를 작성해야 한다.
하나의 자기소개서를 작성하여 지원하려고 하는 여러 기업에 제출해서는 안 된다. 기업에서 요구하는 인재상과 기업문화 및 업무의 성격이 다르기 때문에, 자기소개서의 내용도 기업 특성에 맞게 작성하여 제출하여야 한다.

2. 자기탐색

자기탐색을 하기 위한 방법은 다양하다. 표준화 검사 등을 활용해서 자신의 성격 및 직업 적성을 확인할 수 있으며, SWOT 분석으로 강점, 약점, 위기, 기회요인 등 자신과 자신을 둘러싼 환경에 대한 분석을 통해 자신을 탐색할 수도 있다. 또한, 주변 사람들에게 자신에 대한 설문조사를 한 후 그 결과를 분석하여 재미있게 어필할 수도 있다. 이와 같은 다양한 방법에 의한 자기탐색 결과는 자신의 현재 능력과 목표로 하는 능력 간의 차이(Gap) 분석으로 향후 계획 수립의 기초 자료가 될 수 있다.

자기탐색 세부항목

1. 성격 · 성향관련 검사 결과표(예: MBTI, 직업선호도 검사 등)
2. SWOT 분석
3. 주변인 설문조사 분석 내용
4. 기타 해당 자료
　※ 위의 항목을 모두 작성하거나 일부 선택하여 작성할 수 있음.

1) 성격 · 성향관련 검사 결과표(MBTI, 직업선호도 검사 등)

MBTI 검사

<표12> 기타 Test

검 사 명	MBTI 검사
일 시	2009년 2월 21일
시 행 기 관	한국심리검사연구소

● 소 개

- MBTI(Myers-Briggs Type Indicator)는 Myers-Briggs Type Indicator의 머리글자만 딴 것으로 C.G.Jung의 성격유형 이론을 근거로 Catharine C.Briggs와 그의 딸Isabel Briggs Myers, 그리고 손자인 Peter Myers에 이르기까지 무려 3대에 걸쳐 약 70년 동안 계속적으로 연구 개발한 인간이해를 위한 성격유형 검사이다.

● 내 용

- MBTI 검사지는 모두 95문항으로 구성되어 4가지 척도의 관점에서 인간을 이해하려고 한다. 그리고 그 결과는, E(외향)-K(내향), S(감각)-N(직관), T(사고)-F(감정), J(판단)-F(인식) 중 각 개인이 선호하는 네 가지 선호지표를 알파벳으로 표시하여 결과 프로파일에 제시된다. 그러므로 MBTI의 성격유형은 16가지 유형으로 나타날 수 있다.

● 결 과 : ISTJ / ISTP

Holland 적성탐색검사

<표12> 기타 Test

검 사 명	Holland 적성탐색검사
일 시	2009년 5월 26일
시 행 기 관	한국가이던스

● 소 개

- Holland 적성탐색검사는 전 세계적으로 진로지도와 상담에서 가장 많이 사용되고 있는, John L. Holland의 직업적 성격유형론에 근거하여 제작된 검사인 Self-Directed-Search(SDS)검사를 저작권인 미국의 PAR로부터 한국 저작권 및 출판권을 허가받아 제작된 검사이다.

● 구 성

- 검사의 구성은 9부로 나누어진다.

- 제 1부: 진로유형의 사전탐색
- 제 2부: 전공학과 및 직업에 대한 사전탐색
- 제 3부: 활동적 흥미
- 제 4부: 성격
- 제 5부: 유능감
- 제 6부: 가치
- 제 7부: 직업흥미
- 제 8부: 능력평정
- 제 9부: 진로유형코드, 전공학과 및 직업 찾기

그림 4-3 자기탐색 사례: 성격·성향 검사

2) SWOT 분석

SWOT	O - 22세, 시간과 기회 - 군대 미필, 군대 활용 - 국제적으로 한국의 위상이 높아짐. - 융합인재가 대두되고 있음.	T - 국내 건축 산업 불황(국내 건축시장 포화) - 국내 취업 경쟁률 높음. → 　해외 시장 진출 - 중국의 건축 기술 발전
S - 자립심이 강하다. - 도전적이다. - 미소가 친근하다. - 학점이 좋다. - 다른 사람의 말을 들을 줄 안다.	• 자기계발을 할 수 있는 군에 지원한다(예: 코이카, 학사장교). • 다양한 분야를 경험할 수 있도록 교내 프로그램을 활용한다(전공과 전공 외 학문을 모두 활용할 수 있는 교내 프로그램 이용, 아빅센터: 창의적 설계).	• 단지 국내 취업이 아니라 새로운 길(예: 창업)에 도전한다(제3세계 진출, 중동). • 건축 기술뿐만 아니라 타 학문과 융합한다. • 전공, 학부연구생 참여 • 전공 관련 인턴십
W - 토익 성적이 없음. - 경제적 도움을 받기 힘듦. - 부족한 어학능력 - 군 의무가 남음.	• 어학 공부를 하기 위해 대학생만의 지원 프로그램을 활용한다(예: 교환학생). • 건축과 융합할 수 있는 다양한 대외 활동 • 군대 활용	• 나만의 경쟁성을 키운다. • 일을 하면서 배울 수 있는 것을 찾는다(예: 외국인 대상 알바). • 학교 프로그램을 활용한 해외 경험을 쌓는다.

그림 4-4 자기탐색 양식: SWOT 분석

3) 주변인 설문조사 분석 내용

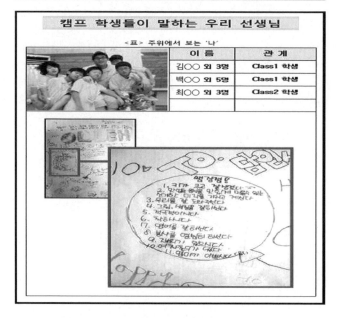

그림 4-5 자기탐색 사례: 주변인 설문조사 분석

3. 교과교육활동

　　교과교육활동은 본인이 이수한 전공 및 교양과목에 대한 자료를 제시하고 향후 학업계획을 수립하여 제시할 수 있다. 성적증명서를 첨부하는 것으로 쉽게 생각할 수 있으나, 학기 순서대로 과목명과 학점만 나타난 성적증명서만으로는 이수한 교과교육활동에 대한 분석을 구체적으로 보여주기 어렵다. 성적증명서와 함께 자신이 교과목을 이수하면서 활동한 다양한 자료를 첨부하면 교과교육활동과 관련된 자신의 경험을 더 자세히 보여 줄 수 있다. 특히 포트폴리오의 활용 목적에 적합한 교과목이나 과제 등을 부각시키거나 순서를 재배치하는 등 전략적으로 구성하여 전달할 필요가 있다. 이외에 교과과정을 이수하기 위해 작성한 과제 보고서, 발표 자료, 졸업작품, 졸업논문, 학술행사 · 학술지 발표 내용, 설계 포트폴리오, 교과과정과 연계된 현장실습 등의 자료를 첨부하는 것이 좋다.

교과교육활동 세부항목

(1) 교과과정 이수현황표
(2) 성적증명서
(3) 주요 교과목 과제물
(4) 졸업작품, 설계 포트폴리오
(5) 각종 인턴/실습/연수 등 교과과정과 연계한 현장학습 실적
(6) 졸업논문, 국내외 학술행사/학술지 발표 논문 등
(7) 기타 학습성과 성취를 증빙할 수 있는 자료

1) 교과과정 이수현황표

〈표 4-4〉 교과과정 이수현황표

교과과정 이수현황표			
1. 전공 교과과정			
학기	과목명	학점	비고
2. 복수전공 또는 부전공 교과과정			
학기	과목명	학점	비고
3. 교양 교과과정			
학기	과목명	학점	비고

수 학 계 획 서

<표 3> 수학계획서

1학년 1학기	1. 대학생으로서 스스로 책임을 지도록 한다. 2. 동아리 활동을 통해서 협력하고 선을 이루는 자세를 배운다. 3. 기초공학에 대한 지식을 받는다. - 특히 수학에 대하여 철저히 학습. 4. 다양한 인간관계를 통해 다양한 경험을 한다.
1학년 2학기	1. 기초공학에 대한 지식을 쌓고 전공 선택에 앞서 정보를 수집한다. 2. 다양한 아르바이트를 통해 스스로 용돈을 벌고 다양한 경험을 받는다. 3. 노동의 대가를 배우는 수 있는 주유소, 서빙 등의 아르바이트를 경험. 4. 철저한 준비 후에 혼자 여행을 떠나본다. - 처음엔 국내로, 후에 해외로 계획
2학년 1학기	1. 전공기초과목에 대한 이해를 높인다. 2. 뉴플레티어와 같은 다양한 학교 내에 존재하는 좋은 정보를 수집하고, 지원해 경험해 보도록 한다. - 뉴플레티어 지원, 해외 봉사단 지원. 3. 영어공부를 한다. - 문법 1회 마스터, 단어는 꾸준히 외운다. 4. 군대를 준비한다. - 휴학절차 확인, 군입대 절차 확인, 복학시기 결정.
2학년 2학기	1. 복학 후 기초수학과목을 비롯한 전공기초과목을 복습한다. 2. 교수님들과의 상담을 통해 전자공학의 흐름과 동향을 파악한다. 3. 전공 관련 자격증에 도전해 본다. - PC Master, 전자기기기능사. 4. 전공과목 학습에 최선을 다한다. - 목표는 장학금을 타는 것으로 한다.
3학년 1학기	1. 어학 시험 TOEIC를 준비한다. - 목표점수: 800 2. 전공과목의 학습에 충실히 임한다. - 세부전공에 관한 흥미와 능력을 관찰한다. 3. 해외여행을 계획하고 준비한다. - 유럽여행 혹은 미국여행. 4. 다양한 진로를 생각해 본다. - 대학원 혹은 취직 유학 등의 진로탐색.
3학년 2학기	1. 발표 능력에 이해를 높인다. 2. 발표 능력을 키운다. - 프레젠테이션 스킬을 익히고, 경험을 많이 쌓는다. 3. 겨울방학 인턴십에 지원해 본다. - 삼성전자 DM 4. 영어 말하기 시험 OPIc을 준비한다. - 목표점수 : IM 5. 다양한 표표적트 및 공모전에 참여해 본다.
4학년 1학기	1. 전공공부에 대한 정리를 하며, 이에 상응하는 졸업작품을 선택한다. 2. 지금까지의 대학생활을 정리하며, 보완점과 꼭 해보고 싶은 일을 찾는다. 3. 회화위주의 영어 공부를 계속한다. - 가능하면 영어 말하기 모임을 갖는다. 4. 자기소개서 및 이력서 작성을 통해, 사전에 여러 진로를 준비해 본다.
4학년 2학기	1. 전공심화 과목을 학습한다. 2. 다양한 진로를 생각해보고 구직활동을 한다. 3. 대학생활을 아름답게 마무리 할 수 있도록 계획한다.

학년별 이수 진행사항

<표 4-1> 학년별 이수과목 현황 (1학년 1학기-2학기)

구 분	구 분	이수학점(누계)	공학인증 기준	이수현황
전문교양	인증 필수	0	18	0 %
MSC	인증 필수	15	30	50 %
실험 및 설계	인증 필수	0	12	0 %
전공	인증 필수	0	9	0 %
전공	인증 선택	0	39 이상	0 %

그림 4-6 교과과정 이수현황 분석 사례

2) 주요 교과목 과제물

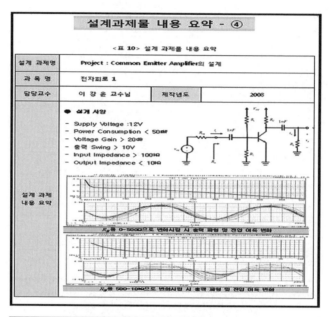

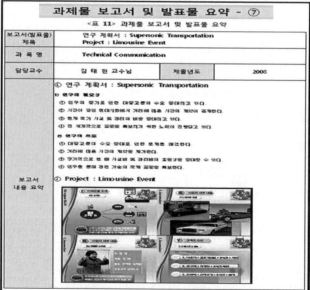

그림 4-7 주요 교과목 과제물 사례

4. 교내활동

학생포트폴리오에는 교과교육활동뿐만 아니라 다양한 교내활동이 포함될 수 있다. 교과목 이수현황과 과제물 등 교과교육활동의 자료는 차별화되기 힘들지만, 교내활동과 관련된 자료는 학생들 간의 개인차가 있기 때문에 관련 자료를 적극적으로 부각시킬 필요가 있다. 학생들 중에는 너무 많은 활동을 해서 무엇을 넣고 무엇을 빼야 할지를 고민하기도 하지만, 대부분의 학생은 활동한 내역이 없거나 있어도 정리해 두지 않아 난감해한다. 그렇기 때문에 교내활동에 대한 다양한 경험을 미루지 않고 그때그때 간결하게 작성하여 정리해 두어야 한다.

교내활동에는 동아리 활동, 학생회 활동, 학회 활동, 봉사 활동, 연구실 활동, 그룹스터디 활동, 근로학생 활동 등 다양한 활동이 포함될 수 있으며, 활동 영역별로 구분하여 자료를 정리하는 것이 좋다. 학생포트폴리오 작성 시 교내활동 항목을 생각나는 대로 무작위로 작성하다 보면 내용이 중복되거나 생략되는 경우가 발생하게 된다. 이를 방지하기 위해 교내활동 영역별로 활동 내역서 양식을 만들어서 활용하는 것이 좋다. 각 활동 경험을 정리할 때에는 활동 경험을 통해 배운 점을 간략하게 정리해 두고 작성 시 활용하도록 한다. 장학금 수혜, 결과 보고서, 근로학생 근무 증명서 등과 같이 경험별로 결과물이 있을 경우 각 활동 내역서 뒤에 자료로 첨부한다.

교내활동 세부항목

1. 교내활동 목록표	2. 동아리 활동 내역서
3. 학생회 활동 내역서	4. 학회 활동 내역서
5. 봉사 활동 내역서	6. 연구실 활동 내역서
7. 그룹스터디 활동 내역서	8. 근로학생 활동 내역서
9. 기타 해당 자료	

1) 교내활동 목록표

〈표 4-5〉 교내활동 목록표

교내활동 목록표

연번	활동명	활동 단체명	활동 기간	활동 내용
1				
2				
3				
4				
5				
6				
7				
8				
9				
10				
11				

2) 동아리 활동 내역서

〈표 4-6〉 동아리 활동 내역서

동아리 활동 내역서

활동 분류		활동 단체명	
직책		활동 기간	

주요 활동 내용 및 느낀 점

활동 장면 사진

TIP **동아리 활동 작성 방법**

- 동아리 활동을 위한 운영계획을 미리 수립하여 활동하고 그 결과에 대한 느낌과 반성을 기록하는 것이 좋으며, 동아리 활동을 통해 자신의 적성과 소질, 잠재된 능력과 관심 분야에 대한 노력 정도, 타인과의 교류능력, 참여도와 성실성 등이 드러나도록 작성한다.
- 단순한 활동이나 실적의 나열보다는 동아리 활동 경험이 자신의 학교생활이나 성장에 어떠한 영향을 주었고, 자신의 적성과 소질 혹은 진로나 관심분야와 어떻게 연결되는지 연관 지어 작성하는 것이 좋다.

TIP **봉사 활동 작성 방법**

- 봉사 활동의 내용을 단순하게 나열하기보다는 내가 맡은 임무와 어려웠던 점은 무엇인지 등을 기록한다.
- 봉사 활동이 자신의 생각이나 행동을 어떻게 바꾸었고 그것이 자신의 진로에 어떻게 관련되었는지 기록한다. 일관성 없이 봉사 활동 시간만 늘리기보다는 일관성 있고 꾸준한 봉사 활동 내용을 작성하는 것이 바람직하다.

5. 교외활동

　최근 대학생들은 실무현장에서 필요한 직무역량들을 개발하고 다양한 활동으로 경험을 넓히기 위해 교외활동에 적극적으로 참여하고 있다. 학생포트폴리오에서는 공모전 활동, 홍보대사 활동, 아르바이트 활동, 인턴 활동, 봉사 활동(교외, 해외), 교환학생 활동, 해외 연수 활동 등 다양한 교외활동을 증빙하는 자료들을 정리하여 보여 주어야 한다.

　학생들이 다양한 교외활동에 적극적으로 참여함으로써 다음과 같은 이점을 얻을 수 있다. 첫째, 국내외 새로운 인맥을 형성할 수 있다. 기업이나 기관의 현업 담당자나 인사부서 담당자들과 친분을 쌓을 수 있게 되고, 타

대학 학생들과도 교류할 수 있다. 또한, 외국에서 활동하는 교환학생, 어학연수, 배낭여행, 해외봉사 활동 등을 통해 외국인들과의 친분을 쌓고 글로벌 인맥을 형성할 수도 있다. 둘째, 실행을 통한 문제해결력, 기획력, 문서작성력 등을 향상시킬 수 있다. 셋째, 수료증, 이수증, 참가증 등 다양한 교외활동의 자료를 통해 적극적인 삶의 자세와 태도를 보여 줄 수 있다.

교외활동은 학생들의 적극성에 따라 그 활동 영역 또는 범위의 차이가 크고 그에 따라 얻게 되는 역량의 차이도 크다. 그렇기 때문에 교외활동을 통해서 얻게 된 다양한 능력을 부각하여 제시하는 것이 좋다.

교외활동 세부항목

1. 교외활동 전체 목록표
2. 공모전 활동 내역서
3. 홍보대사 활동 내역서
4. 아르바이트 활동 내역서
5. 인턴 활동 내역서
6. 봉사 활동(교외, 해외) 내역서
7. 교환학생 활동 내역서
8. 해외 연수 활동 내역서
9. 기타 해당 자료

    ※ 수료증, 이수증, 참가증이 있을 경우 해당 활동 내역서 뒤에 자료로 첨부한다.

1) 교외활동 목록표

〈표 4-7〉 교외활동 목록표

교외활동 목록표

연번	활동명	활동 단체명	주최 기관	활동 기간	활동 내용
1					
2					
3					
4					
5					
6					
7					
8					
9					
10					
11					

〈표 4-8〉 교외활동 내역서

교외활동 내역서

활동 분류		활동 단체명	
직책		활동 기간		주최 기관	

주요 활동 내용 및 느낀 점

활동 장면 사진

성모자애 복지관 봉사활동

<표12> 봉사활동

활 동	성모자애 직업반 보조교사
기 간	2009년 3월 ~ 현재
시 행 기 관	성모자애 복지관

● 소   개
- 성모자애복지관은 1946년 개성에서 설립된 본회는 젊은이들의 교육과 민족 복음화를 위해 육영 보통학교와 장미 양재 여학원을 설립운영하게 되면서 사도직의 첫발을 내딛게 되었다. 1950년 3월 8일 현재 본원인 서울 용산구 청파동 2가 30-1에 수도원을 이전하고 회원을 모집 육성하는데 힘을 기울여 1951년 12월 12일에 로마 교황청으로부터 수도회의 인가를 받게 되었다.

- '나의 역량을 키우고 너의 참여를 통해 동행하며 우리의 꿈을 만들어간다'는 의미를 지닌 '나 DO, 너 DO, 우리 DO'을 운영목표 달성방안으로 정하여 실천해 나가고 있는 성모자애복지관은 자연과 환경을 소중히 여길 줄 아는 따뜻한 마음으로 아름다운 이웃, 아름다운 지역사회를 만들고자 변화의 물결 속에서도 결코 변하지 않는 한결같은 마음으로 최고의 시설에서 최상의 서비스를 제공하기 위해 최선을 다하고 있다.
- 성모자애복지관에서 2주에 한번 씩 지적장애를 겪고 있는 친구들과 시간을 보내고 있다. 최종목표를 취업으로 하는 성모자애 직업반, 취업반 친구들의 사회 적응 훈련을 도와주고 있고, 같이 땀 흘리고 정을 나누며 보람을 느끼고 있다.

또래상담자 교육

<표15> 교육 및 세미나

활 동	또래 상담자 4기 교육
기 간	2009년 2월 20일 ~ 21일
시 행 기 관	한국 청소년 상담센터

● 소   개
- '솔리언또래상담'는 청소년들이 어른이나 선생님들에게 고민 상담을 꺼려한다는 점을 감안, 일정한 훈련을 받은 청소년이 자신의 경험을 바탕으로 다른 또래들의 문제해결을 돕는 프로그램이다. 학교 내 상담 동아리나 특별활동 또는 지역 청소년지원센터에서 운영하는 솔리언또래상담 동아리에 가입해 활동하며 또래만이 느끼는 공감대와 친밀함으로 청소년 사이에서 많은 관심을 얻고 있다.

● 목   적
- 한국청소년상담원은 1994년부터 솔리언또래상담자 사업을 운영하여 지금까지 전국 5만 8천명의 또래상담자를 양성하였으며 일정한 훈련을 받은 청소년이 자신의 경험을 바탕으로 다른 또래들의 문제 예방과 해결에 상당한 효과가 있는 것으로 나타났다.

그림 4-8 봉사 활동(교외, 해외) 사례

6. 자격증 및 외국어 활용

1) 자격증

다양한 노력의 결과로 전공 관련 자격증 및 컴퓨터 활용 능력 관련 자격증을 취득하였다면, 취득을 위한 과정과 결과를 제시하여야 한다. 자격증 항목을 작성할 때에 순서를 무작위로 하는 것보다는 아래와 같은 순서를 기준으로 하여 전략적으로 접근하는 것이 좋다.

자격증 세부항목

---

1. 자격증 취득 목록표	2. 직무관련 취득 자격증
3. 컴퓨터 활용 능력 관련 취득 자격증	4. 기타 자격증

〈표 4-9〉 자격증 취득 목록표

자격증 취득 목록표

연번	자격증명(급수 포함)	취득일	발행 기관

2) 외국어 활용

외국어는 취업을 위한 필수요건이기 때문에 학생포트폴리오에는 외국어 관련 능력을 갖추기 위한 노력과 결과물을 정리하여 제시할 필요가 있다. 취업 시 이력서에 자신의 외국어 활용 능력을 상·중·하 또는 능숙·보통·미숙 등의 자가 평가 기준으로 제시하는 것보다는 공인된 외국어 시험 성적표를 보여 주는 것이 좋다.

외국어 세부항목

1. 어학능력 취득 목록표　　　　2. 외국어 시험 성적표

〈표 4-10〉 어학능력 취득 목록표

어학능력 취득 목록표

연번	외국어 시험명	점수(급수)	취득일	발행 기관

7. 향후 계획

　향후 계획을 통해 구체적인 미래 계획을 설정하여 자신의 관심도를 알릴 수 있고, 준비성과 체계성을 보여 줄 수도 있다. 향후 계획에 대한 내용은 다른 구성요소보다 강제성은 덜하지만 자신을 표현하기에 가장 적절한 요소다. 그러므로 아래에 제시된 항목을 모두 작성하는 것이 바람직하지만, 필요에 따라 한 가지 항목만이라도 반드시 작성하도록 한다.

향후 계획 세부항목

1. 나의 목표
2. 목표 달성을 위한 구체적 계획
3. 기타 해당 자료
　※ 위의 항목을 모두 작성하거나 일부 선택하여 작성할 수 있음.

---

1) 나의 목표

　자신이 하고자 하는 직업분야에 대한 탐색과 자신의 직업적성 탐색 등의 결과에 기초하여, 자신의 목표 달성을 위한 단기 · 중기 · 장기별 계획을 체계적으로 수립함으로써 세부 목표를 설정한다. 저학년의 경우, 성취된 능력의 결과물보다는 향후 계획 위주의 포트폴리오를 구성하여, 학년이 올라갈수록 수립한 계획에 따라 자신이 점진적으로 가지게 된 결과물 중심의 포트폴리오를 구성하도록 한다. 즉, 고학년이 될수록 저학년에서 설정한 계획이 실현된 결과인 성취물 위주의 포트폴리오가 완성될 수 있다.

목표의 설정 진로계획의 수립 및 중간목표 설정		
계획	연도	목표
단기 (1~5년)	2009	○○전공
	2009~13	관련교과목 이수
	2013	학사학위 취득
중기 (6~10년)	2015	석사학위 취득
	2015	관련자격증
	2015	관련기관 취업
	2020	박사학위 취득
최종	2030	○○연구센터 설립

그림 4-9 나의 목표 수립 사례

2) 목표 달성을 위한 구체적 계획

자신이 하고자 하는 일을 하기 위해서 현재 자신을 진단하고 앞으로 부족한 부분을 어떻게 채워 나갈 것인가에 대한 계획을 수립하여 관리해야 한다. 이를 위한 방법으로 핵심역량 진단검사 등을 활용할 수 있는데, 진단검사 결과를 활용하여 핵심역량별 달성계획을 수립할 수 있고, 목표로 하는 직업분야의 역량을 분석하여 직무역량별 달성계획을 수립할 수도 있다. 이와 관련하여, 향후 수강하고자 하는 교과목, 인턴 등의 현장경험, 취득하고자 하는 자격증 획득을 위한 구체적인 계획을 수립할 수도 있다.

〈표 4-11〉 대학생 핵심역량 진단검사

대학생 핵심역량 진단검사

아래의 역량별 하위 진술문을 읽고 진술문에 동의하는 정도를 1~5점 사이의 숫자로 표시하여, 나의 핵심역량을 진단해 봅시다.

역량	하위문항	진술문에 동의하는 정도에 따라 1에서 5 사이의 수를 선택하시오.
글로벌 역량	나는 외국인에게 내가 의도하는 바를 전달할 수 있는 정도의 외국어 실력을 갖추고 있다.	1　2　3　4　5
	나는 다양한 경로(여행, 유학, 인터넷, 국내외 다양한 활동)를 통해 글로벌 환경을 경험하고 있다.	1　2　3　4　5
	나는 다양한 타 문화를 이해하려고 노력하고 있으며, 타 문화를 수용하는 데 비교적 열린 태도를 보이고 있다.	1　2　3　4　5
	위의 3항목의 평균 점수를 쓰시오.	평균:
종합적 사고력	나는 복잡한 과제를 수행할 때 각 요소 간의 관계를 잘 파악한다.	1　2　3　4　5
	나는 여러 증거를 종합하여 어떤 결론을 도출하는 활동을 좋아한다.	1　2　3　4　5
	나는 어떤 문제를 해결할 때 여러 상황을 고려해서 그중 가장 나은 해결책을 찾기 위해 노력한다.	1　2　3　4　5
	나는 무엇을 판단할 때 직관적인 판단을 하기보다는 나의 가치관이나 중요성을 따져 보고 판단한다.	1　2　3　4　5
	위의 4항목의 평균 점수를 쓰시오.	평균:
자기 관리 역량	나는 누가 재촉하지 않아도 스스로 학습 계획을 세우고, 계획에 따라 성실히 학습하는 편이다.	1　2　3　4　5
	나는 목표를 세우면 그에 따른 실천 계획을 세우고 대부분 그것을 완수하여 목표를 달성하는 편이다.	1　2　3　4　5
	나는 어떤 경우에도 내 감정을 통제할 수 있다.	1　2　3　4　5
	나는 내가 속한 조직에서 요구하는 태도나 가치관을 갖추고 있다고 생각한다.	1　2　3　4　5
	위의 4항목의 평균 점수를 쓰시오.	평균:

의사 소통 능력	나는 주어진 글을 읽고 내용 파악을 잘한다.	1 2 3 4 5
	나는 다른 사람이 말하는 의중을 잘 파악한다.	1 2 3 4 5
	나는 내가 쓴 글로 다른 사람에게 나의 생각을 전달하는 데 능숙하다.	1 2 3 4 5
	나는 나의 생각을 상대방에게 효과적으로 전달하기 위해 조리 있게 말하거나 제스처를 사용한다.	1 2 3 4 5
	다른 사람과 토론할 때 내 의견을 논리적으로 주장하기 위해 이유나 근거를 자주 사용한다.	1 2 3 4 5
	나는 다른 사람과 논쟁이 붙었을 때, 원만하게 해결하는 능력이 뛰어나다.	1 2 3 4 5
	위의 6항목의 평균 점수를 쓰시오.	평균:
대인 관계 역량	나는 내가 속한 조직 구성원들과 가까운 관계임을 느낀다.	1 2 3 4 5
	나는 어떤 목적을 달성하기 위해 다른 사람과 협력해서 일하기를 좋아한다.	1 2 3 4 5
	나는 사람들끼리 다툼이 생겼을 경우, 합의안을 찾고 그것을 해결하는 능력이 있다.	1 2 3 4 5
	나는 통솔력이나 영향력을 발휘하여 다른 사람의 귀감이 되는 일이 종종 있다.	1 2 3 4 5
	나는 내가 속한 조직의 문화, 관련된 사람들, 그들의 업무 등을 잘 알고 있다.	1 2 3 4 5
	위의 5항목의 평균 점수를 쓰시오.	평균:
자원, 정보, 기술 활용 역량	나는 다양한 양식의 정보를 보고 그것이 의미하는 바를 쉽게 파악해 낸다.	1 2 3 4 5
	나는 무수히 많은 정보 중에서 어떤 것이 중요하고, 어떤 것이 내게 필요한 정보인지 명확하게 가려낼 수 있다.	1 2 3 4 5
	나는 여러 정보를 세부적으로 파악하고, 연결고리를 만들어 하나의 새로운 정보로 새롭게 구성할 수 있다.	1 2 3 4 5
	나는 수집한 정보를 남에게 효과적으로 표현하는 방법을 잘 알고 있다.	1 2 3 4 5
	나는 대학 생활이나 조직의 업무를 위해 기본적으로 요구하는 컴퓨터 활용 능력을 갖추고 있다.	1 2 3 4 5
	위의 5항목의 평균 점수를 쓰시오.	평균:

* 이 문항은 K-CESA 검사지의 문항과는 달리 하위 구인별로 간편히 재구성한 것임.

※ 역량별로 나온 평균 점수를 아래의 그물망 좌표에 점으로 표시한 다음 선으로 연결해 보세요.

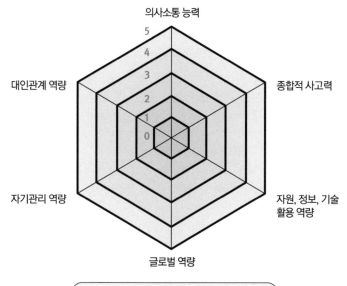

그림 4-10 핵심역량 진단결과 프로파일

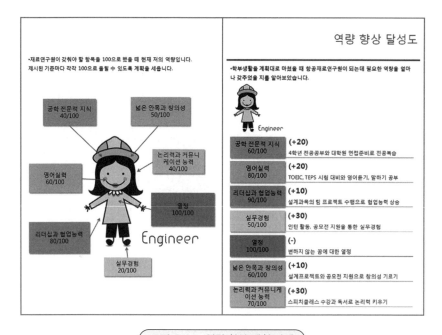

그림 4-11 역량 향상 계획 사례

〈표 4-12〉 역량 향상 계획표

역량 향상 계획표

대학에서 향후 수강할 과목 전공/교양 등			
수강학년/학기	교과목	분류(교양/전공)	달성 여부

실습 및 현장경험 계획수립 어학연수, 인턴십			
목표 기관	경험 기관	시기	달성 여부

취득하고자 하는 자격증 목표년월, 자격증명, 발행처, 달성 여부			
목표년월	자격증	발행처	달성 여부

〈표 4-13〉 중단기 목표 및 실행계획표

중단기 목표 및 실행계획표

기간	목표	실행계획
3개월 후		
6개월 후		
1년 후		
2년 후		
3년 후		
5년 후		

〈표 4-14〉 내가 꿈꾸는 나의 모습 설계하기

내가 꿈꾸는 나의 모습 설계하기

연도	하고자 하는 일	가지고 싶은 것	되고 싶은 사람
현재 _____세			
5년 후 _____세			
15년 후 _____세			
40년 후 _____세			
60년 후 _____세			

작성한 기록표로 주변 사람들과 토론하여 자신의 생각을 다시 한 번 점검해 보고, 다짐하는 기회를 가져 본다.

8. 기타 자료

포트폴리오는 학생 자신에 대한 자료 모음철이다. 그렇기 때문에 각각의 항목에 해당되지 않아서 포함시키지 못한 자료가 있을 경우, 기타 자료 항목에 넣거나 본인 스스로 항목 제목을 만들고 자료를 포함시키면 된다. 또한, 포트폴리오는 자신에 대한 정보를 창의적으로 재구성하는 것이기 때문에 특정 형식에서 벗어나 자유롭고 창의적으로 작성할 수 있다. 기타 자료는 특히 이러한 창의적인 접근이 중요하다. 자신에 대해 새롭게 접근하여 표현하고자 하는 목적을 가지고, 전체 작성 목적에서 벗어나지 않는 선에서 자유롭게 작성하도록 한다.

기타 자료 세부항목

---

1. 추천서(교수님, 부모님, 친구, 선배, 아르바이트 사장님 등)
2. 취미활동 관련 내용
3. 블로그, 트위터, 페이스북 등 인터넷 커뮤니티 활동 내용
4. 인맥 구성도
5. 감명 깊게 읽은 책, 나에게 희망을 심어 준 책
    ※ 위의 항목은 예시이므로 참고하기 바람.

제5장

학생포트폴리오의 디자인

학생포트폴리오의 구성요소를 중심으로 포트폴리오를 작성하였다면, 이를 효과적으로 전달하기 위해 자신의 포트폴리오를 독창적으로 디자인할 필요가 있다. 개성 있는 포트폴리오를 제작하기 위해서는 스토리텔링, 템플릿, 시각적 자료 등을 활용하여 디자인할 수 있다.

1. 스토리텔링 디자인(story telling design)

1) 스토리(story) 만들기

○ 스토리 전략 1: 목차 스토리 만들기

목차는 포트폴리오의 첫인상을 좌우하는 핵심 항목으로, 목차를 통해서 작성자의 목표와 목표를 달성하기 위한 노력들을 전달할 수 있다. 작성자는 자신의 포트폴리오를 효과적으로 전달하기 위해 목차에서 내용을 어떤 순서로 제시하여야 하는지에 대해 심도 있게 고민할 필요가 있다.

[그림 5-1]은 목차를 스토리 위주로 작성한 방식인데, 각 장(chapter)의 제목과 주로 다루고자 하는 핵심 이슈를 부제로 제시한 사례다. 또한, 장(chapter)의 하위 제목을 '활동명: 부제'의 형태로 제시하여 목차 스토리

에 대한 구체적인 이해를 돕고 있다.

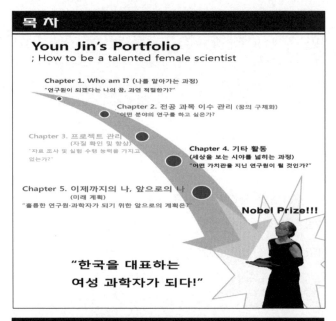

그림 5-1 목차 스토리 사례 (1)

[그림 5-2]는 목차 스토리를 이미지로 표현하여 쉽게 이해할 수 있도록 제시한 사례다. 목차를 구성할 때 항목을 단순하게 열거하는 것보다 스토리로 표현하면 자신의 목표 달성 과정을 좀 더 효과적으로 드러낼 수 있다.

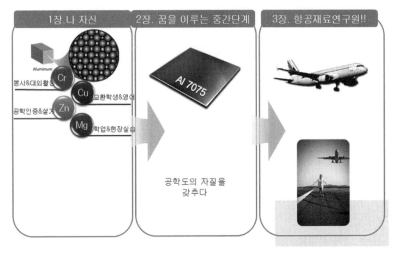

알루미늄에 원소를 첨가하여 **항공기재료가 되는 과정을**
제가 여러 활동을 통해 **항공재료연구원이 되는 과정과 비교**

1장. 나 자신 | 2장. 꿈을 이루는 중간단계 | 3장. 항공재료연구원!!

그림 5-2 목차 스토리 사례 (2)

○ **스토리 전략 2: 스토리 구조 만들기**

학생포트폴리오는 프롤로그, 여러 장(chapter)과 항목(part), 에필로그로 구성되고, 각 장(chapter)과 항목(part)은 도입(intro), 내용(파트 주제와 관련된 내용), 마무리(closing)로 구성된다.

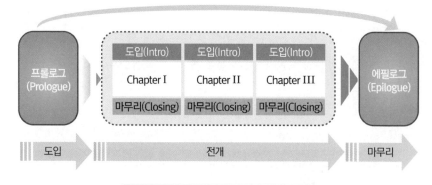

그림 5-3 학생포트폴리오의 스토리 구조

프롤로그와 에필로그

자신의 포트폴리오를 효과적으로 전달하기 위해서 포트폴리오의 전체 목차를 제시하기 전에 인상적인 프롤로그를 제시하고, 포트폴리오의 마무리를 에필로그로 제시하는 것이 좋다. 포트폴리오의 구성에 있어서 프롤로그와 에필로그는 독자로 하여금 포트폴리오의 작성자에 대한 정서적 공감과 이해를 가능하게 해 줌으로써 효과적인 전달을 도와준다.

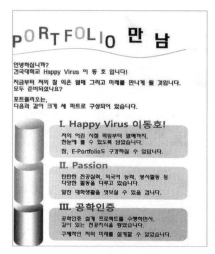

그림 5-4 프롤로그와 에필로그 사례

인트로와 클로징

포트폴리오의 각 장(chapter)은 인트로, 내용(파트 주제와 관련된 내용),
클로징의 구조로 되어 있다. 인트로는 각 장(chapter)의 개요 역할을 하고,
클로징은 전개된 내용을 다시 요약하고 성찰하는 내용으로 작성된다.

[그림 5-5]는 목차에서 보여 준 인트로 사례로, '배움에 대한 갈망은 배
고픔보다 강하다!'라는 도입 메시지로 시작하였고, 학업관리를 위한 자신
만의 중요원칙을 근거로 방향설정 및 교과목 수강방향에 대한 내용으로
전개하여 어떤 내용을 위주로 소개하겠다고 마무리하고 있다.

목차

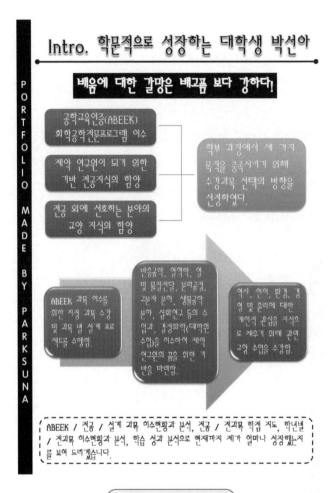

그림 5-5 인트로 사례

[그림 5-6]은 전공과목 이수관리 항목에 대한 클로징 사례다. 이와 같이 포트폴리오의 각 chapter를 구성할 때 인트로, 내용(파트 주제와 관련된 내용), 클로징의 구조로 나타내면 독자가 해당 내용을 명확하게 이해하도록 도울 수 있다.

Chapter 1 . Who Am I?

◆ 나를 알아가는 과정에서 얻게 된 역량

나의 성향·가치관·직업 적합성 검사, 상담 활동들을 통해
나에 대해 끊임없이 묻고 답하며, ABEEK에 요구되는 기본 역량들을 얻게 됨

ABEEK 에 요구되는 기본 역량

(1) 수학, 기초과학, 공학의 지식과 정보기술을 응용할 수 있는 능력

(2) 자료를 이해하고 분석할 수 있는 능력 및 실험을 계획하고 수행할 수 있는 능력

(3) 현실적 제한조건을 반영하여 시스템, 구성 요소, 공정을 설계할 수 있는 능력

(4) 공학 문제들을 인식하며, 이를 공식화하고 해결할 수 있는 능력

(5) 공학 실무에 필요한 기술, 방법, 도구들을 사용할 수 있는 능력

(6) 복합 학제적 팀의 한 구성원으로서 역할을 수행할 수 있는 능력

(7) 효과적으로 의사소통을 할 수 있는 능력

(8) ✓ 평생학습의 필요성을 인식하고 이에 능동적으로 참여할 수 있는 능력　*Get!!*

(9) 공학적 해결방안이 세계적, 경제적, 환경적, 사회적 상황에 미치는 영향을 이해할 수 있는 폭넓은 지식

(10) 시사적 논점들에 대한 기본 지식　*Get!!*

(11) ✓ 직업적 책임과 윤리적 책임에 대한 인식

(12) 세계문화에 대한 이해와 국제적으로 협동할 수 있는 능력

• 연구원이라는 나의 꿈을 이루기 위해선 평생 학습이 필요함을 인식하게 됨 & 이를 위해 어떤 방법이 있는지 능동적으로 찾아보는 능력도 얻게 됨

• 내가 왜 이 꿈을 이루고 싶은지 끊임없이 고민하고 답을 구하는 과정에서 직업적 책임, 윤리적 책임 의식을 가지게 됨

29

Chapter 1 . Who Am I?

◆ Conclusion

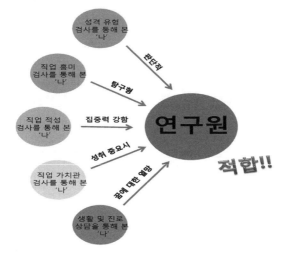

30

그림 5-6 클로징 사례

TIP 포트폴리오의 스토리 구조

전체 포트폴리오는 목표를 중심으로 스토리가 논리적으로 전개되고, 각 장(chapter) 및 항목(part)의 내용에서도 발전과정이 논리적이고 명확하게 드러날 수 있도록 구성한다.

[도입 단계] 전체 포트폴리오 내용의 프롤로그 구성하기
⇩
[전개 단계] 장(chapter)/항목(part) 간의 스토리 만들기
　　　　　　장(chapter)/항목(part)별 핵심 항목 결정하기
　　　　　　장(chapter)/항목(part)별 인트로와 클로징 구상하기
⇩
[마무리 단계] 전체 포트폴리오 내용의 에필로그 구성하기

○ 스토리 전략 3: 자기성찰 스토리 만들기

학생포트폴리오에는 자신의 경험과 활동, 능력 등에 대한 자료를 제시하고, 관련 내용을 분석한 후 최종적으로는 해당 내용에 대한 자기성찰 스토리를 담는다. 즉, 자신의 활동과 경험이 목표를 달성하는 과정 속에서 어떤 의미가 있었는지를 분석하여 제시하고, 그 성찰 결과에 따라 추후 계획을 수립할 수 있다. 자신의 활동에 대한 자기성찰을 하되, 활동영역별로 자기성찰 스토리를 구성하여 제시하는 것이 좋다. [그림 5-7]은 교과목 이수활동을 통해 자기성찰 스토리를 작성한 사례이고, [그림 5-8]은 학기별 수학계획서를 통해 자기성찰 스토리를 작성한 사례다. 이와 같이 활동영역별로 자기성찰 스토리를 작성하게 되면, 활동영역에 대한 지속적인 목표관리가 이루어지고 있음을 효과적으로 나타낼 수 있다.

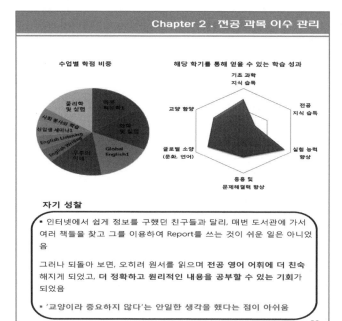

그림 5-7 자기성찰 스토리 사례 (1): 교과목 이수활동

수 학 계 획 서

<표 3> 수학계획서

1학년 1학기	1. 대학생으로서 스스로 책임을 지도록 한다. 2. 동아리 활동을 통해서 협력하고 선을 이루는 자세를 배운다. 3. 기초공학에 대한 지식을 쌓는다. - 특히 수학에 대하여 철저히 학습. 4. 다양한 인간관계를 통해 다양한 경험을 한다.
1학년 2학기	1. 기초공학에 대한 지식을 쌓고, 전공 선택에 앞서 정보를 수집한다. 2. 다양한 아르바이트를 통해 스스로 용돈을 벌고 다양한 경험을 쌓는다. · 노동의 대가를 배울 수 있는 주유소, 서빙 등의 아르바이트를 경험. 3. 철저한 준비 후에 혼자 여행을 떠나본다. · 저술엔 국내배, 저술엔 해외로 계획.
2학년 1학기	1. 전공기초과목에 대한 이해를 높인다. 2. 뉴프통티어와 같은 다양한 학교 내에 존재하는 좋은 정보를 수집하고, 지원해 경험해 보도록 한다. · 뉴프통티어 지원, 해외 봉사단 지원. 3. 영어공부를 한다. · 문법 1권 마스터, 만어능 꾸준히 외운다. 4. 군대를 준비한다. · 입학절차 확인, 군입대 절차 확인, 복학시기 결정.
2학년 2학기	1. 복학 후 기초수학과목을 비롯한 전공기초과목을 복습한다. 2. 교수님들과의 상담을 통해 전자공학의 흐름과 동향을 파악한다. 3. 전공 관련 자격증에 도전해 본다. · PC Master, 전자기기기능사 4. 전공과목 학습에 최선을 다한다. · 무료로 장학금을 타는 것으로 한다.
3학년 1학기	1. 어학 시험 TOEIC을 준비한다. · 목표점수 : 800 2. 전공과목의 학습에 충실히 임한다. · 세부전공에 관한 흥미와 능력을 관찰해 본다. 3. 해외여행을 계획하고 준비한다. · 유럽여행 혹은 미국여행 4. 다양한 진로를 생각해 본다. · 대학원 혹은 취직 유학 등의 진로탐색.
3학년 2학기	1. 전공과목에 이해를 높인다. 2. 발표 능력을 키운다. · 프레젠테이션 스킬을 익히고, 경험을 많이 쌓는다. 3. 겨울방학 인턴십에 지원해 본다. · 삼성전자 DM 4. 영어 말하기 시험 OPIc을 준비한다. · 목표점수 : IM 5. 다양한 프로젝트 및 공모전에 참여해 본다.
4학년 1학기	1. 전공수업에 대한 정리를 하며, 이에 상응하는 졸업작품을 선택한다. 2. 지금까지의 대학생활을 정리하며, 보완점과 꼭 해보고 싶은 일을 찾는다. 3. 회화위주의 영어 공부를 계속한다. · 가능하면 영어 말하기 모임을 갖는다. 4. 자기소개서 및 이력서 작성을 통해, 사전에 여러 진로를 준비해 본다.
4학년 2학기	1. 전공실화 과목을 학습한다. 2. 다양한 진로를 생각해보고 구직활동을 한다. 3. 대학생활을 아름답게 마무리 할 수 있도록 계획한다.

수 학 계 획 서 - 결과 보고

<표 3> 수학계획서 결과 보고

1학년 1학기	1. PTP(People To People) 봉사동아리 활동을 하였다. 2. 주유소 아르바이트를 하였다. · 해천 주유소 / 주말 3. 다양한 인간관계를 통해 여러 친구들을 만났다.
1학년 2학기	1. 전자기기 기능사 취득 (2003/10/13) 2. 리눅스 마스터 2급 취득 (2003/10/31) 3. 세탁소 아르바이트 -잠실/ 월~금 저녁 7시~9시 4. 친구들과 해 뜨는 마을을 비롯한 많진 여행을 다녀왔다. 5. 여름 농활 봉사활동
2학년 1학기	1. 전공 관련 자격증 PC Master 취득 (2004/01/05) 2. 부산여행 · 해운대, 광안리 등의 코스를 중심으로 여름여행을 다녀왔다. 3. 중부 여행 -단양, 하회마을 등을 경유하는 여행을 다녀왔다. 4. 커피숍 아르바이트 · 수원역 / 토 5. 군 입대 결정 - 2004년 8월 해군으로 입대할 것을 결정 후 지원.
2학년 2학기	1. 성적우수 장학금 '의조' (평점 4.35) · 전공기초과목을 확실히 복습하였다. 2. 4차: 전자공학과 농구 소모임 창설 · 2회/주 농구 모임 3. 공학인증 담당 교수님과 주임교수님과의 상담을 통한 진로상담.
3학년 1학기	1. 성적우수 장학금 '의조' (평점 4.30) · 전공지식을 이해하는데 밑거름. 2. TOEIC 공부 및 시험 · 결과 825(2008/08/24) 3. 공학인증 담당 교수님과의 대학원과 취업에 대한 상담 및 진로 탐색. 4. 교내 외국인 친구와 교류하며 국제화 감각을 키웠다.
3학년 2학기	1. 성적우수 장학금 '의조' (평점 4.40) 2. 영어 말하기 시험 OPIc 준비 및 시험 · 결과 IM(2008/10/26) 3. 교내 식당 모니터 요원에 지원하여 활동하였다. 4. 포럼 세미나 등의 각종 세미나 활동 · 전공 관련 이슈에 정보를 모았다.
4학년 1학기	1. 또래상담자 4기 활동 · 정보통신대학 또래상담자로 활동. 2. 한자 2급 시험 · 한자교육진흥회 2급 시험에 응시하여 합격. 3. 교내 식당 모니터 요원, 교내 한자특강 모니터 요원으로 활동. 4. 취업을 위한 기업분석, 자기분석, 직군별 분석. 5. 현대제철, SK그룹, LG그룹 등 인턴사원 지원활동.
4학년 2학기	1. 취업 스터디 결성 및 활동 2. 포트폴리오 경진대회 출전

그림 5-8 자기성찰 스토리 사례 (2): 학기별 수학계획서

2) 말하기 어법(Telling) 사용하기

스토리텔링 디자인은 포트폴리오를 작성할 때 전달하고자 하는 메시지를 독자에게 이야기하듯이 작성하는 것을 말한다. 특히 어법을 '말하기(telling)' 형식으로 작성해야 할 뿐만 아니라, 각 항목에서의 전달 메시지를 제시하는 방식에 대해 고민한 후 작성하는 것이 바람직하다.

○ Telling 전략 1: 대화형 문장체 사용하기

포트폴리오를 작성할 때 정보를 요약하는 방식보다는 독자와 대화하는 방식으로 스토리텔링을 하면 가독성을 높일 수 있다. [그림 5-9]는 포트폴리오를 시작하는 페이지로 자기 자신을 잘 나타낼 수 있는 특성을 키워드로 표현하고, 포트폴리오를 시작하면서 갖게 된 자신의 다짐 및 결의를 솔직하게 표현하고 있다. 이와 같이 대화형 문장체를 활용하면 독자로 하여금 친근감을 느끼게 하고 호기심을 유발할 수 있다.

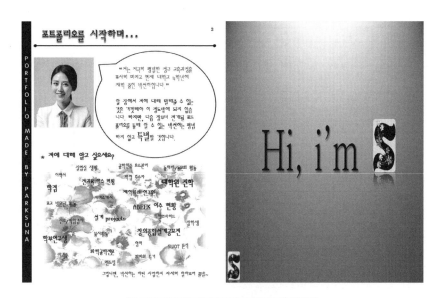

그림 5-9 대화형 문장체를 활용한 사례

○ Telling 전략 2: 테마형 문장체 사용하기

포트폴리오의 핵심은 많은 내용을 효과적으로 전달하는 것이다. 따라서 전달하고자 하는 메시지를 테마로 도출하여 헤드라인으로 제시하면 효과적이다. [그림 5-10]은 자기를 소개하는 자료인데, 그 제목을 '한 가지 깨달은 나, 그래서 행복하다'라는 테마로 제시하고 있다. 즉, 지금까지의 인생에 대한 생각을 짧지만 솔직하게 내면의 변화 과정으로 보여 주면서, 현재의 자신이 있기까지의 과정을 드러내고 있다.

첫 번째 이야기.

한 가지 깨달은 나, 그래서 행복하다.

조그만 섬에서 자란
어리광쟁이 늦둥이 막내가
도시에 나와
군집불통에서 천천히
함께하는 방법을 배워나간 이야기입니다.

서로에게 많은 것을 배운 경희대학교
홍보대사 활동 _ 희랑 1기

마트, 학원, PC방도 없는 조그마한 섬, 경제적으로 넉넉하지 못한 어부 부부, 그들에게는 사남매 중 한가득 **아집에 빠진 늦둥이**가 있었습니다. 항상 부모님의 사랑을 독차지하던 귀염둥이 막내는 작은 일에도 칭찬을 받았고, 잘못한 일에는 괜찮다며 미소를 받았습니다. 하지만 아이는 이러한 따뜻한 배려에 감사할 줄 모르고 마치 자기가 이 세상의 전부인 양 자랐습니다.

그러던 중 사춘기가 접어들고 아이는 "나홀로" 섬에서 도시로 전학을 갔습니다. 그리고 아이의 도시생활은 친구 사귀는 것부터 쉽지가 않았습니다. 왜냐하면 아이는 우물 안의 개구리였고, 자신만의 아집에 빠져있었기 때문입니다. 아이는 자신보다 보다 뛰어난 친구를 인정할 수 없었습니다. '나보다 운동을 잘하는, 공부를 잘하는, 노래를 잘하는, 키가 큰 친구…' 아이는 한 가지라도 자신보다 잘하는 것이 있다면 시기와 질투를 하였습니다. 그래서 친구들과 쉽게 어울리지도 못하였고, 도시에 와서 사귄 몇 안 되던 친구들도 사라졌습니다. 결국 이 못난 우물 안에 개구리는 혼자가 되었습니다.

혼자가 돼서야 이 못난 개구리는, "세상 모든 사람들은 다른 사람에 비해 뛰어난 점과 부족한 점을 모두 가지고 있다는 것"을 깨우쳤습니다. 그래서 서로의 장점을 칭찬하고, 부족한 점을 배려해야 한다는 것을 깨달았습니다. 그 후 아이는 서투르긴 했지만, 조금씩 다른 사람들을 인정하고 배려하기 시작하였습니다. 그리고 그 아이의 도시생활은 갈수록 즐거워졌습니다. 더 이상 시기와 질투를 하기 보다는 누군가를 칭찬하고 배려함으로써, 자신의 부족한 부분을 채우고 함께 발전하는 것에 행복을 느꼈습니다. 그렇게 이 아이는 좁은 우물 안에서 나와 지금의 "저"가 되었습니다. 그렇기에 끝으로 이 말로 글을 줄이고 싶습니다.

'You raise me up, to more than I can be'

그림 5-10 테마형 문장체를 활용한 사례 (1)

[그림 5-11]은 자신을 탐색하는 자료인데, 그 제목을 '연구원이 되겠다는 나의 꿈, 과연 적절한가?'라는 의문형 테마로 제시하고, 자신의 의문에 대한 해답을 찾아가는 다양한 방법을 보여 주고 있다. 이와 같이 테마형 문장체를 사용하면 작성자가 자신의 내면세계와 사고과정을 자세하게 전달할 수 있다.

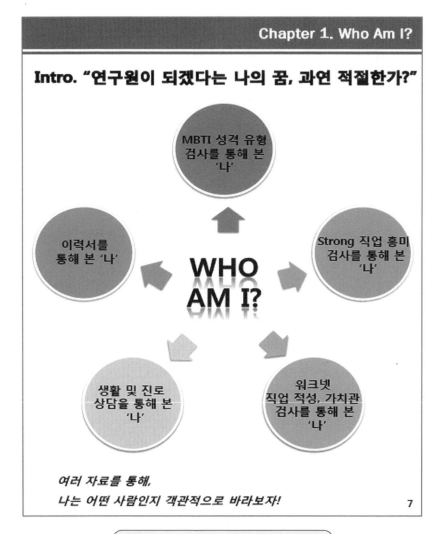

그림 5-11 테마형 문장체를 활용한 사례 (2)

2. 템플릿 디자인

학생포트폴리오를 작성할 때에는 자신만의 템플릿을 개발하여 일관성 있게 작성할 필요가 있다. 포트폴리오에서는 목표지향적인 성장을 보여 주어야 하는데, 템플릿을 사용하지 않으면 전반적인 내용이 산만하게 보여 자신의 목표관리 과정을 효과적으로 전달하기 어렵다. 따라서 포트폴리오의 기본적인 템플릿을 결정하고, 내용에 따라 템플릿을 약간씩 수정하면서 작성하는 것이 좋다.

1) 교과활동 결과물 디자인

학습결과물은 학생포트폴리오의 핵심이자, 가장 많은 부분을 구성하는 자료가 된다. 학습활동은 다양한 교과목 수강을 통해 획득한 결과물을 보여 주는 부분이기 때문에 일관된 템플릿을 개발하여 적용하면, 교과목 수강의 이수체계나 이수현황, 학점관리 등을 간결하고 명료하게 드러낼 수 있다.

학습결과물과 관련해서는, 작성자가 교과목 수강을 통해 어떤 학습경험이 이루어졌는가를 보여 주는 것이 핵심이다. 이때, 학습성과물의 주요 내용은 과목명, 수강학기, 이수구분, 수업목표, 취득학점, 주요 학습내용, 학습결과물 예시장면뿐만 아니라, 교과목을 수강하면서 어려웠던 점과 문제해결 방법, 그 과정을 통해 배운 점 등을 성찰하여 작성하는 것이 바람직하다.

○ 디자인 전략 1: 수강경로 디자인하기

일반적으로 학과나 프로그램에서는 전공 교육과정에 대한 이수체계를 제시하고 있다. 학생들이 학과에서 제공하고 있는 이수체계에 따라 수강하게 되면, 특별한 경우를 제외하고는 졸업요건을 거의 충족시킬 수 있다.

따라서 전공 이수체계에 따라 수강을 하더라도 보충학습 또는 심화학습이 필요한 교과목을 분석하여 자기 나름대로의 교과목 수강계획을 세울 필요가 있다. 학생포트폴리오에 교과목의 이수과정을 시각적으로 잘 정리하면 자신의 학문적인 경험과 지식의 근거를 확인시켜 줌과 동시에, 자신의 수강동기 및 학습필요도에 따라 교과목을 선택하였음을 명확히 보여 줄 수 있다.

　[그림 5-12]에서는 전공 이수 체계도와 전공 과목 수강 동기를 시각적으로 제시하고 있다. 전공 이수 체계도에서는 학년별로 이수한 전공 교과목들을 도식화하였고, 전공 과목 수강 동기에서는 자신이 전공 교과목을 왜 수강하려고 하는지에 대한 수강 동기를 단계별로 나타냈다.

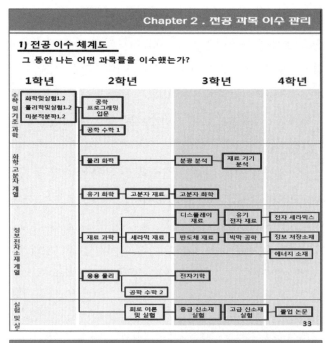

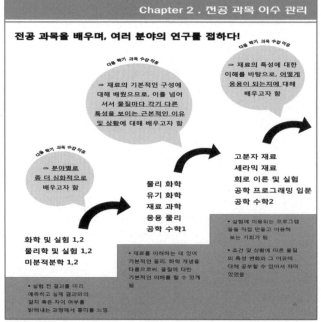

그림 5-12 수강 경로 디자인 사례

○ 디자인 전략 2: 학습결과물 디자인하기

학생들은 학과나 프로그램에서 제공된 교육과정을 이수하면서 과제물, 보고서, 프로젝트, 개발물 등의 다양한 학습결과물을 획득하게 된다. 다양한 학습결과물 가운데 자신의 전문성 혹은 역량을 보여 주기에 적합한 학습결과물을 선택하여 학생포트폴리오에 제시할 수 있다. 이때, 학습결과물은 결과물 자체를 그대로 보여 주기보다는, 학습결과물의 개요(교과목명, 과제명, 수행시기 등)와 학습결과물의 주요 내용 및 수행방법, 수행결과 및 평가 등에 대한 성찰내용을 중심으로 일목요연하게 작성하는 것이 좋다.

[그림 5-13]은 학습결과물 중 프로젝트 결과물을 정리한 사례다. 프로젝트 결과물은 프로젝트명, 과목소개, 프로젝트 목표, 내용, 개요도, 진행 시 문제점, 문제해결 방법, 학습성과 향상도 자가 체크, 성찰 등의 내용으로 구성되어 있다.

Chapter 3. 프로젝트 관리

1) 중급 신소재 실험 – 프로젝트(1)

① 프로젝트명	**Coumarin 용액의 optical band gap 추정**
② 과목 소개	FT-IR, UV-Vis, DSC, TGA 등의 여러 기기의 원리 및 작동법을 익히고 이를 이용해 시료를 분석하는 수업
③ 프로젝트 목표	UV-Visible spectroscopy를 직접 이용하여, Coumarin 용액의 흡광도와 투과도를 측정함. 이를 Lambert-Beer 법칙에 적용하여 흡광 계수를 구함으로써, 시료의 고유 특성을 밝혀냄
④ 프로젝트 내용	1) UV-Visible spectroscopy 장비의 구성과 측정 원리에 대해 이해 2) 장비 구동을 위한 프로그램 이용방법을 습득한 후, 관측하고자 하는 목적에 맞춰 직접 프로그램 설정 3) 측정된 흡광도 데이터를 투과도로 변환하여 peak 위치 확인 4) Peak 위치를 통해 시료의 optical band gap 계산
⑤ 개요도	▲ 측정 장비 구성 및 원리 ▲ 측정 원리 ▲ 측정 결과를 통한 시료 특성 추정

Chapter 3. 프로젝트 관리

⑥ 진행 시 문제점	• 처음 접해보는 시료라 몸에 유해한지, 어떤 시료의 특성을 유의해서 사용해야 하는지 등을 알지 못함 만약 끓는점이 상온일 경우, glove box에서 사용하지 않고 대기중에서 직접 사용할 시 몸에 매우 해로운 기체를 흡입 할 수 있음. 혹은 소량의 양이라 할지라도 몸에 닿을 경우 화상을 입힐 수 있는 위험한 시료일 경우 보호 장비의 착용 요구됨 → 따라서 실험 시, 사고 발생을 막기 위해 시약에 대한 기본 정보를 알아야 했음
⑦ 문제 해결 방법	산업재해예방 안정보건공단 산업안전보건연구원에서 제공하는 물질안전보건자료(MSDS) 검색을 통해 시료를 조사함

74

Chapter 3 . 프로젝트 관리

⑨ 학습 성과 향상도 자가 체크	학습 성과	전혀 향상 되지 않음	거의 향상 되지 않음	보통	조금 향상	매우 향상
	지식 응용 능력				√	
	실험 분석 능력				√	
	설계 능력			√		
	문제 해결 능력				√	
	도구 활용 능력					√
	팀워크 능력		√			

⑩ 성 찰	• 실험의 안정성이 중요한 사항임을 알게 됨 • 화학 물질 정보 시스템 등 실험 안정성에 관한 정보 시스템이 매우 잘 구축되어 있음을 알게 되었고, 앞으로 이를 잘 이용해야겠다는 다짐을 하게 되었음 • 특히, 대학원을 진학하여 실험 진행 시, 이 프로젝트를 진행하며 문제해결했던 방법(화학 물질 검색 시스템)이 매우 유용하게 이용될 것으로 생각됨 • 장비 구동 프로그램을 직접 이용해보며, 나의 목적대로 실험을 진행하기 위해선 어떤 조건들을 잘 설정해야 하는지 알 수 있었음 • 이번 프로젝트 진행을 통해, UV-Visible spectroscopy라는 장비를 이용하며 도구 활용 능력이 매우 크게 향상되어 좋았음 • 팀원이 모두 협동해서 문제를 해결하는 과정이 적었기 때문에 팀워크 능력을 향상시킬 수 있는 기회가 적어 아쉬웠음. 다음 프로젝트에서는 실험 진행 뿐 아니라 문제 인식도 함께 공유하는 시간을 가져야겠음.

77

그림 5-13 학습결과물 디자인 사례

○ **디자인 전략 3: 학습성찰 디자인하기**

　학생들은 학과나 프로그램에서 제공된 교과목을 이수한 후, 교과목을 통한 학습이 자신의 목표 달성 과정에 어떻게 기여하고 있는지에 대한 성찰을 할 수 있다. 매 학기별로 교과목에서 획득한 학점과 학습성과 등을 분석하는 것뿐만 아니라, 교과목 수강을 통해 새롭게 학습하게 된 내용을 바탕으로 자신이 관심 있는 주제 및 연구분야를 탐색하는 것도 바람직하다. [그림 5-14]는 전공 과목 이수 관리를 위해 매 학기 이수한 교과목의 학점 비중과 학습성과를 스스로 분석하여 성찰한 사례로, 자신이 되고자 하는 연구원으로서 연구하고 싶은 분야를 탐색하는 데 이번 학기 수강한 교과목을 활용하고 있다.

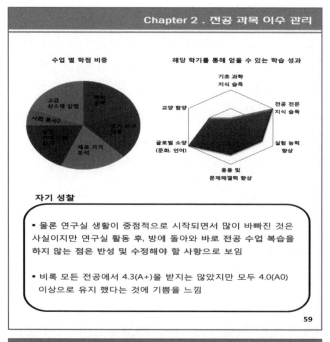

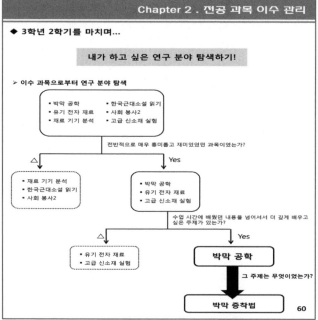

그림 5-14 학습성찰 디자인 사례

2) 비교과활동 결과물 디자인

비교과활동은 교과활동 외에 경험하는 다양한 활동으로서, 직업적 능력뿐만 아니라 사회적 존재로서 사람들과 어울려 함께 살아가는 데 필요한 소양도 쌓고 있음을 보여 줄 수 있는 자료다. 비교과활동 결과물은 일관된 템플릿 양식을 만들어서 사용할 수도 있고, 자신의 경험을 스토리 방식으로 제시할 수도 있다. 템플릿을 사용하면 다양한 비교과활동 내용을 일목요연하게 전달할 수 있고, 스토리 방식으로 작성하면 자신의 비교과활동 경험을 의미 있는 스토리로 인상 깊게 제시할 수 있다.

○ 디자인 전략 4: 템플릿 양식으로 작성하기

비교과활동은 사실보다는 활동을 좀 더 강조할 수 있는 양식을 만들어서 일괄적으로 사용하는 것이 좋다. 비교과활동 관련 결과물은 활동명, 활동기간/일시, 기관 및 장소, 활동장면 사진, 활동 후 배운 점 및 느낀 점 등을 중심으로 작성하는 것이 좋다. 활동사진은 활동의 내용과 현장감이 잘 드러날 수 있도록 미리 계획하고 촬영해서 활용해야 하며, 사진에 대한 설명을 간단하게 작성하는 것이 바람직하다.

[그림 5-15]와 [그림 5-16]은 템플릿 양식을 활용하여 비교과활동을 디자인한 사례다. [그림 5-15]는 자기관리를 위해 문화체육활동을 수행한 것에 대한 간단한 소개, 활동사진, 활동결과, 느낀 점 등을 비구조화된 템플릿을 활용하여 표현하고 있다. [그림 5-16]은 봉사 활동에 참여한 사례를 봉사 활동명, 장소, 기간, 구성원, 활동내용, 느낀 점 및 사진 등을 표 양식의 구조화된 템플릿으로 제시하고 있다.

그림 5-15 템플릿 양식을 활용한 디자인 사례 (1)

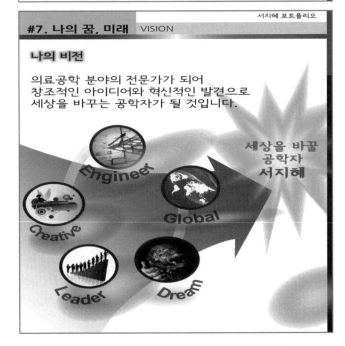

	서지혜 포트폴리오
#5. 세계인	국제자원활동(Work camp)

이름	**국제자원 활동 in France (Work camp)**
장소	France, Melle (프랑스 파리에서 2시간 떨어진 마을)
기간	2012. 07. 11~ 2012. 08. 01 (3주간)
구성원	한국인 2명, 이탈리아인 1명, 세르비아인 2명, 터키인 1명, 스페인 2명, 프랑스 6명, 핀란드인 1명
활동	Melle 지역 역사적 건물의 재건을 위해 건물 보수 활동을 하였습니다. - 정원 정리하기, 나무 자르기 - 시멘트 바르기 - 페인트 칠 하기 - 마을 축제 참가하기 - 오래된 시멘트 제거하기
느낀점	세계 각국에서 온 친구들과 문화적 교류를 할 수 있었습니다. 단순히 봉사활동으로 내가 '준다'는 느낌이 아니라 나도 같이 얻어 가는 봉사활동이었습니다. 그 마을 사람들과 정서적 교류도 나누고, 한국의 문화도 알리고 왔습니다. 글로벌 리더로 성장하기 위한 첫 걸음이 된 것 같습니다.

서지혜 포트폴리오

#7. 나의 꿈, 미래 VISION

나의 비전

의료공학 분야의 전문가가 되어
창조적인 아이디어와 혁신적인 발견으로
세상을 바꾸는 공학자가 될 것입니다.

세상을 바꿀 공학자 서지혜

Engineer
Creative
Global
Leader
Dream

그림 5-16 템플릿 양식을 활용한 디자인 사례 (2)

○ **디자인 전략 5: 스토리 방식으로 작성하기**

포트폴리오를 시작하려는 많은 학생은 화려한 스펙이 부족하다고 판단하여 포트폴리오에 포함시킬 내용이 없다고 생각한다. 그러나 대부분의 학생은 대학생활을 통해 교과목 수강 외 동아리 활동, 봉사 활동 등과 같은 다양한 경험을 하고 있다. 교과활동에 비해 비교과활동은 자신의 의지로 선택한 활동이 많기 때문에, 자신의 인생 스토리를 전달해 줄 수 있는 좋은 자료가 된다. 학점이 좋지 않거나 외부 수상경력이 부족한 학생들은 대부분 포트폴리오 작성을 주저하는데, 그것은 자신의 대학생활 경험 자체를 평가 절하하는 것과 같다. 즉, 대학생활을 통해 화려한 스펙을 갖추지는 못하였더라도, 대학생활 동안 자신이 참여한 활동 자체가 왜 의미가 있는지를 분석하는 태도가 중요하다.

1. 열 가지 아르바이트를 하다.

○ 돈을 버는 것이 아니라 세상을 배우다.

대학 결정 된 후, 지금까지 3년 동안 꾸준히 아르바이트를 하였습니다. 단순히 필요한 돈을 벌기 위해서가 아니었습니다. 일을 하면서 많은 것을 배울 수 있었습니다. 그렇기 때문에 단순히 학비를 벌기 위해서가 아니라 배우고 싶은, 해보고 싶은 일을 하였습니다.

— 3년 동안 한 아르바이트 목록

아르바이트 목록	활동 직위	활동내용
베산 웨딩홀 스태프 2010.11~ 2011.02	주간 웨딩 부 팀장	결혼식, 잔치, 뷔페 준비 및 진행
야간 택배 물류 창고 2010.11~ 2011.02	야간 Staff	야간물류창고 상하차
두레주트 점원 2011.04~ 2012.07	주간 점원	서빙 및 카운터
가구사랑 조립공 2011.07~ 2012.07	고정알바(알바생팀장)	설치 기사 보조 및 알바생 교육 및 지휘
M&C 영수학원 강사 2011.07~ 2011.11	중등부 (1~2학년)강사	영, 수 및 이외과목 교육활동과 상담활동
GM 엑스트라 2011.07~ 2011.09	엑스트라 (현대극 및 사극)	현대극 보스를 지켜라 사극 계백 등 촬영
건축현장 노가다 2011.12~ 2012.01	SK인력사무소, 막내	수원 삼성 건축물 시공, 정리 해체팀
동백앨범제작소 2012.01~ 2012.02	앨범제작소 직공	졸업 앨범, 웨딩 앨범 제작 활동
Now Bar 2012.03~ 2012.05	보조 바텐더	칵테일 제작 및 서빙 활동
해정박물관 2012.08~ 2013.02	사무 보조 근로학생	사무실 보조 및 어린이 교육 활동 보조

— 어차피 힘든 일이라면

노가다를 시작한지 일주일 쯤

저는 현실에 대한 불만어 가득했습니다.
저도 일하는 것보다 친구들처럼 놀고 싶었습니다.
제 불만은 거친 언행으로 드러났습니다.
그런 저를 한 아버님이 유심을 보았던 것 같습니다.
무거운 자재를 옮기라 힘들어 하느라 저에게 온
아버님은 자재가 대신 들고 가시면 말하셨습니다.
'어차피 힘든 일 웃으면 하자.' 이 말 한마디에
현실에 대한 제 불만은 녹아버렸습니다.
그리고 결심했습니다. 해야 할 일이라면
불만 보다는, '배우는 자세로 즐겁게'

안전하게 공연장을 철거 중입니다.

그림 5-17 스토리 방식을 활용한 디자인 사례

내가 왜 이 활동을 하고 싶었는지, 어떤 점이 힘들었는지, 무엇을 배우게 되었는지 등을 생각해 보면, 남들이 얻지 못한 중요한 삶의 가치들이 숨어 있을 것이다. 다른 사람이 아닌 바로 자기 자신이 이를 보석처럼 여

기고 잘 드러내고자 하는 것이 바로 비교과활동을 작성하는 기술이다. 이와 같이 대학생활의 다양한 경험을 진솔하게 표현하면 매우 인상적인 포트폴리오로 어필할 수 있다.

[그림 5-17]은 스토리 방식을 활용하여 비교과활동을 디자인한 사례다. 자신이 경험한 아르바이트를 단순하게 열거하여 그 목록을 보여 주는 것에 치중한 것이 아니라, 그 활동 속에서 자신이 배운 점, 느낀 점 등을 스토리로 나타내어 자신을 깊이 있게 보여 주고 있다.

3. 시각적 디자인

자신의 포트폴리오를 효과적으로 전달하기 위해서는 독창적이고 개성이 드러나게 시각적으로 디자인할 필요가 있다. 특히 포트폴리오의 표지는 첫인상을 좌우하기 때문에 자신을 가장 부각시킬 수 있는 이미지로 시각화하는 것이 좋다. 목차나 개인정보, 미래 계획 등도 문자 중심의 나열보다는 내용을 시각화해서 함께 보여 주는 것이 효과적이다.

1) 표지 디자인

학생포트폴리오 표지에서는 일반적으로 자신의 이름, 대학, 학과, 학년 등의 개인정보를 보여 줄 수 있다. 표지는 학생포트폴리오의 첫인상이기 때문에 작성자의 목표나 개성이 뚜렷이 나타날 수 있도록 시각화하는 것이 좋다. 자신의 사진을 활용하거나 인생의 좌우명 또는 목표를 부각시켜서 표현하는 것도 효과적이다.

○ **시각화 전략 1: 자신만의 포트폴리오 표지 디자인하기**
포트폴리오는 자신을 홍보하는 데 활용할 수 있다. 포트폴리오를 통해 자신을 효과적으로 홍보하기 위해서는 포트폴리오의 첫인상을 좌우하는 표지를 매력적으로 디자인하여야 한다. 표지는 자신을 잘 부각시킬 수 있는 사진이나 이미지를 활용하거나 잡지 스타일로 디자인할 수 있다. 또한, 포트폴리오 제목을 독창적으로 구상하여 제시하면 자신의 개성을 더욱 부각시킬 수 있다. [그림 5-18]과 [그림 5-19]는 표지 디자인의 사례다. [그림 5-18]은 자신의 사진을 활용하여 디자인하였고, [그림 5-19]는 자신의 사진 외에 'First Woman Winner Of Nobel Prize in Korea' '지혜의 Dream Talk' 등과 같은 포트폴리오 제목으로 표현하고 있다. 특히 [그림 5-19]의 좌측 사례는 유명한 잡지인 〈TIME〉의 표지를 활용함으로써, 독자에게 친숙한 이미지로 제시하고 있다.

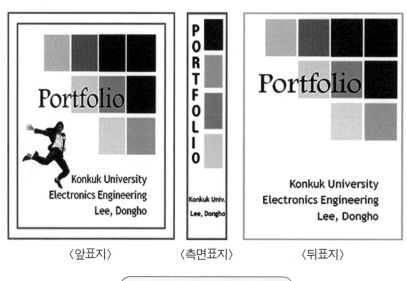

〈앞표지〉 〈측면표지〉 〈뒤표지〉

그림 5-18 표지 디자인 사례 (1)

그림 5-19 표지 디자인 사례 (2)

2) 목차 디자인

목차는 포트폴리오의 가장 앞부분에 위치하지만 가장 마지막까지 점검해야 하는 항목으로, 자신을 명확하게 파악할 수 있도록 전반적인 구조와 내용을 논리적이고 체계적으로 제시할 필요가 있다. 포트폴리오의 작성목적에 따라 목차의 순서가 달라질 수 있기 때문에, 취업이나 진학, 경진대회 제출 등 용도에 따라 본인이 수집해야 할 자료가 달라지고 그에 따라 적합한 목차가 구성되어야 한다.

○ 시각화 전략 2: 대목차 디자인하기

대목차는 포트폴리오의 내용을 가장 크게 유목화한 것으로, 세부적인 소목차 이전에 제시하여 내용의 주요 구성을 한눈에 볼 수 있도록 디자인한다. 대목차별로 색을 다르게 하여 디자인하거나, 포트폴리오의 내용 항목 간에 간지를 넣어 구분할 수 있다.

[그림 5-20]에서는 자신을 표현하는 키워드를 중심으로 대목차를 chapter 1부터 chapter 7까지 구분하여 한 페이지에 시각적으로 제시하고 있다.

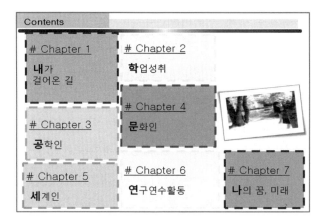

그림 5-20 목차 디자인 사례

○ 시각화 전략 3: 소목차 디자인하기

소목차는 대목차의 하위 목차다. 소목차는 대목차의 내용을 상세하게 알 수 있도록 정리하여야 한다. [그림 5-21]에서는 대목차의 구성내용인 소목차를 한 페이지로 시각화하여 보여 주고, 소목차의 세부 내용도 한 페이지로 제시하고 있다.

그림 5-21 소목차 디자인 사례

○ 시각화 전략 4: 전체 목차 디자인하기

포트폴리오의 전체 목차가 과거에는 자신의 활동과 능력을 증빙할 수 있는 결과물 중심으로 나열되었다면, 최근에는 목표를 달성해 가는 과정이 명확하게 스토리로 전개되는 경향이 있다. 따라서 과거의 포트폴리오 목차에서는 개인의 활동 결과물을 중심으로 목차를 구성하였던 것에 비해, 최근에는 목차에서도 개인의 목표 달성 과정이 표현될 수 있도록 스토리텔링 방식으로 구성하고 있다. [그림 5-22]에서 [그림 5-26]은 한국공학교육인증원에서 개최한 '학생포트폴리오 경진대회'에서 수상한 작품들의 목차 사례다. [그림 5-22]부터 [그림 5-24]까지는 개인의 활동 결과물을 중심으로 목차를 구성한 사례이고, [그림 5-25]와 [그림 5-26]은 개인의 목표 달성 과정이 표현될 수 있도록 스토리텔링 방식으로 구성한 사례다. 다양한 사례를 통해, 본인에게 적합한 목차 디자인을 결정하고, 자신만의 방식으로 재구성하면 독창적인 목차를 디자인할 수 있다.

포트폴리오 구성 목차

1. 이력서
   - 삼성전자 정보통신총괄 이력서 5
   - 삼성전자 정보통신총괄 자기소개서 6
   - DSME(Daewoo Shipbuilding Marine Engineering) 자기소개 7
   - SKT 자기소개서 9
   - 월드비전 모니터링요원 지원서 12
   - 1분자기소개서 15
   - 모바일 솔루션 학과 1차 지원서 16
2. 공학인증 교과과정
   - 공학인증 교과과정 21
   - 2008년교과과정흐름도 22
   - 복학생을 위한 대체교과목 23
   - 2008년설계과정흐름도 25
   - 성적증명서 26
   - 학적증명서 27
   - 졸업예정증명서 28
3. 공학인증 교육요소 관리
   - 표1 : 학생 개인정보 31
   - 표2 : 각종 활동내역 32
   - 표3 : 사용가능 프로그램 및 언어 33
   - 표4 : 수학 계획서 34
     수학 계획서 - 결과보고 35
   - 표5 : 이수과목 현황 36
   - 표6 : 학습성과 누적 달성도 38
   - 표7 : 학습성과(PO) 달성 자체평가 39
   - 표8 : 학생 상담일지 (정기) 40
   - 표9 : 학생 상담일지 (수시) 41
   - 표10 : 설계과제물 내용요약 - 목차
     - Digital 회로에 관한 자유주제 - 응용논리설계 44
     - Wibro, Hsdpa, WLAN - 데이타통신망2 45
     - MicorProcessor - Microprocessor 46
     - VHDL을 이용한 Roulette Game - 컴퓨터구조 47
     - Signed Magnitude Multiplier - 디지털공학 48
     - Wikok - 입문설계 49
     - Simulink Model Design - 이동통신공학 50
     - OP-amp 및 VGA 설계하기 - 아날로그IC설계 51
     - PN Junction Diode Model Design - 물리전자공학 52
     - 로봇축구 - 응용전자공학설계1 53
   - 표11 : 이수과목 과제물 내용요약 - 목차
     - 기독교와 성배신화 - 신화와영화 56
     - 반미감정에 대한 발표 - 정치학입문 57
     - 서양음악의 이해 - 서양음악의이해 58
     - P2P 서비스 응용 및 기술동향 - 데이타통신망1 59
     - Post Information Display - 디스플레이설계 60
     - TFT LCD를 이용한 FFT 주파수 표현- 전자공학실험2 61

1

     - 100W 스테레오 power amplifier - 전자공학실험1 62
     - 선택받은자 - 학문적글쓰기 63
     - 따뜻한 카리스마 - Technical communication 64
   - 표12 : 포트폴리오 점검표 65
4. 외국어 + 교외학습 + 개인 프로젝트
   - English 69
   - 회화수업 - Business English 70
   - 中國語 71
   - 기타 시험1 (Mensa IQ TEST) 72
   - 기타 시험2 인적성검사 73
   - 기타 시험3 유전자 지문 적성검사 73
   - 2D Arcade Game Engine 개발 74
5. 과외활동
   - 죽순회 77
   - 카타르시스 78
   - Timelife 칼럼기고 79
   - 시사교양 프로그램 <100분토론> 방청 80
   - 서울 - 진도간 480km 무박2일 자전거랠리 81
6. InternShip
   - 삼성전자 정보통신총괄 InternShip 85
   - 고부가가치산업인력 특별양성과정(디스플레이분야) 86
   - 종로엠스쿨 특목고 대비반 전임수학강사 87
   - 거제문화예술회관 공연스탭 88
7. 봉사활동
   - 월드비전 91
   - 죽순회어린이캠프 92
   - 기타(헌혈) 93
   - 기타(Mentoring) 94
8. 해외여행
   - 시베리아횡단(러시아) 97
   - 아프리카(케냐, 탄자니아) 98
9. Workshop
   - Future of Computer with Dell 101
   - XILINX Programmable Solution Korea 102
   - 제5회 임베디드 공모대전 103
10. 취업상황
   - 삼성전자 최종면접 결과 107
   - DSME 서류전형결과 108
11. 수상내역
   - 포트폴리오 경진대회 은상 111
   - 과학기술부 장관상 112
   - 장학내역 113

2

그림 5-22 전체 목차 디자인 사례 (1)

포트폴리오 세부 목차

I. Happy Virus 이동호!

1. 될성 싶은 나무의 떡잎
- 리더의 역할
- 충실한 학업
- 책과 글쓰기
- 마음으로 그리는 그림
- 신기한 과학시간
- 기타 예체능 활동

2. 주위에서 보는 '나'
- 부모님이 말하는 착한아들
- 고등학교 동창이 말하는 멋진 친구
- 여자 친구가 말하는 젠틀맨
- 교수님이 말하는 기발한 제자
- KUEES 팀원이 말하는 팀의 리더
- 캠프 학생들이 말하는 우리 선생님

3. 잘 익은 열매
- 차곡차곡 전공지식
- 자기탐구 자기개발
- 협력과 헌신

4. E-Portfolio
- E-Portfoil 소개
- E-Portfoil 활동: Happy Virus 이동호!
- E-Portfoil 활동: Passion
- E-Portfoil 활동: 공학인증

II. Passion

1. Language
- 미국 어학연수: International English Institute
- 외국어 시험: TOEIC (최고점: 825)
- 외국어 시험: OPIc (Intermediate Mid)
- 배낭여행: 미국 Florida
- 배낭여행: 미국 New York City
- 자격증: 한자공인 2급 (한자교육진흥회)
- 2009 군포시 영어캠프 활동

2. 전공 능력
- 자격증: 전자기기기능사
- 자격증: 리눅스 마스터 2급
- 자격증: PC Master
- 세미나: 무인항공기 항법장치의 개발
- 세미나: 지능 로봇 세미나
- 세미나: 환경포럼
- 세미나: 21세기 IT 글로벌 포럼
- 세미나: Automated Soil CO2 Exchange Network
- 세미나: 위성 항법 시스템

3. 자기 개발
- 교육 이수: 또래상담교육
- 교육 이수: 동무공 리더십 교육
- 교육 이수: 프로수련원
- 교육 이수: 서울시민안전체험관
- 자아 탐색: Holland 적성탐색검사
- 자아 탐색: TCI 기질검사
- 인적성 검사: MBTI 검사
- 인적성 검사: 임상표준화검사
- 인적성 검사: 일반적성검사
- 인적성 검사: 적성진단검사
- 자격증: 운전면허 1종
- 자격증: 태권도 단증
- 동아리: 전자과 농구 소모임 4.7K

그림 5-23 전체 목차 디자인 사례 (2)

목차

Prologue. 1

Part Ⅰ. 자기 소개

Intro. 박선아를 소개합니다

1. 국문이력서 5
2. 영문이력서 6
3. 자기소개서 7
4. U&I 진로탐색검사 8
5. 스트롱 직업흥미검사 9
6. SWOT 분석 10
7. 나 자신 돌아보기 11

Part Ⅱ. 학업 관련

Intro. 학문적으로 성장하는 대학생 박선아

1. 화학공학전문 이수체계도 14
2. ABEEK 이수 현황/분석 15
3. 전공과목 이수 현황 17
4. 설계과목 이수 현황 18
5. 전공 학점 지도 19
6. 전과목 학점 지도 20
7. 학년별 이수 현황/분석 21
8. 전학년 이수 현황/분석 29
9. 학습성과 분석 32

Part Ⅲ. 설계 프로젝트 관련

Intro. 실무 수행 능력을 가진 박선아

1. 기초공학설계 36
2. 화공기초실험 및 설계 50
3. 고분자개론 59
4. 화공열역학 Ⅰ 64

PORTFOLIO MADE BY PARKSUNA

그림 5-24 전체 목차 디자인 사례 (3)

대목차

제 1장. 알루미늄 같은 임혜지
1. 임혜지의 과거
2. '임혜지'는 누구?
3. 임혜지의 전공과 꿈
4. 임혜지 품질 보증서

제 2장. 항공기 재료 Al7075 합금만들기
1. Al7075 = Al + Zn + Mg + Cu + Cr
2. Zn 5.6% 공학인증
3. Mg 2.5% 학업
4. Cu 1.6% 교환학생&영어
5. Cr 0.23% 대외&봉사활동

제 3장. Al7075가 들어간 항공기 완성하기
1. 미래설계
2. 학부생활
3. 대학원
4. 항공재료연구원
5. 미래를 향한 비행

소목차

제 1장. 알루미늄 같은 임혜지
1. 임혜지의 과거
  1-1. 임혜지가 걸어온 발자취
  1-2. 상상, 비상, 그리고 지상
2. '임혜지'는 누구?
  2-1. 개인정보 및 활동기록
  2-2. 임혜지와 알루미늄
  2-3. 임혜지를 표현하는 키워드1
  2-4. 임혜지를 표현하는 키워드2
  2-5. 객관적인 임혜지
  2-6. SWOT 분석과 전략
  2-7. 적성검사로 본 임혜지
3. 임혜지의 전공과 꿈
  3-1. 임혜지의 전공, 신소재공학
    3-1-1. 신소재공학 소개&진로
    3-1-2. 신소재공학 교육목표&과정
  3-2. 항공기 재료 Al7075와 항공재료연구원
    3-2-1. 항공기재료공학자의 꿈
    3-2-2. 항공재료연구원 모델링
    3-2-3. 임혜지와 Al의 발전과정
    3-2-4. Al에서 Al7075로
    3-2-5. 공대생에서 항공재료연구원으로
  3-3. 항공기와 엔진재료 소개
    3-3-1. 항공기재료 소개
    3-3-2. 항공기재료 연구현황
    3-3-3. 엔진재료 연구현황
4. 임혜지 품질 보증서
  4-1. 국문이력서, 영문이력서
  4-2. 재학증명서, 공학인증 수료예정서
  4-3. 성적증명서
  4-4. 장학금 수여증명서
  4-5. 어학증명서
  4-6. 수료증, 자격증
  4-7. 봉사활동 확인서

그림 5-25 전체 목차 디자인 사례 (4)

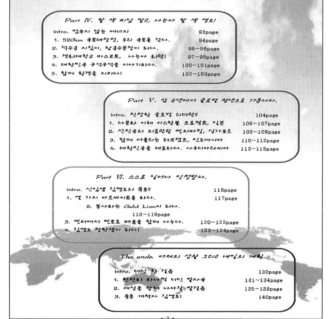

그림 5-26 전체 목차 디자인 사례 (5)

3) 개인정보 디자인

　개인정보는 개인의 신상에 관련된 정보로, 다양한 형태로 제시될 수 있다. 개인정보를 작성하는 대표적인 형태는 이력서와 자기소개서다. 자신에 관한 기본적인 이력 및 경력사항 이외에, 최근에는 자신의 성격 및 직업흥미 등의 자기탐색 내용도 함께 제시하여 종합적인 개인정보를 표현하는 경향이 있다. 개인정보를 작성할 때에는 텍스트 형식보다는 표 형식으로 작성하는 것이 전체적으로 정리된 느낌을 줄 수 있어 효과적이다.

○ 시각화 전략 5: 개인정보 디자인하기

　개인정보를 표현하는 데 널리 사용하는 형태는 이력서다. [그림 5-27]은 국문/영문 이력서 사례이고, [그림 5-28]은 자기소개 내용을 시각적으로 디자인한 사례이며, [그림 5-29]는 다양한 심리검사도구를 활용하여 자기를 탐색한 사례다.

그림 5-27 이력서 디자인 사례

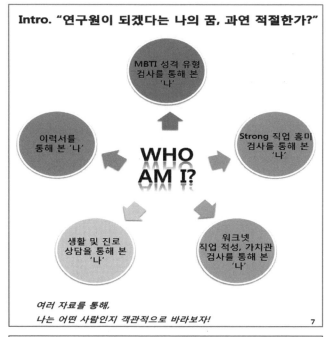

그림 5-28 자기소개 디자인 사례

2) MBTI 성격 유형 검사를 통해 본 '나'

◆ 검사 결과

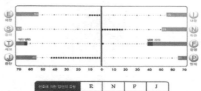

선호에 의한 당신의 성향	E	N	F	J
선호 확인 점수	9	17	1	41

◆ 분석 결과

- 따뜻함/ 적극적/ 책임감이 강함/ 사교성/ 동정심이 많음
- 다른 사람들의 생각이나 의견에 대해 관심을 쏟으며, 공동의 선을 위해 대개 다른 사람의 의견에 동의
- 현재 보다는 미래의 가능성을 추구하고, 앞으로의 계획을 능숙하고 쉽게 제시하며 집단을 이끌어가는 능력이 있음
- 일이나 사람과 관계된 문제에 대해 냉철한 입장을 취하지 못하는 경향
- 인간관계에 끌려 과업을 소홀히 다루기 쉬움
- 반대 의견에 부딪쳤을 때나 자신의 요구가 거절 당했을 때, 마음의 상처를 받음

분석 결과가 나를 잘 보여줘?

- 외향적 성격이 우세하다고 나왔지만, 실제로는 내향적 특성이 더 강함
- 따뜻하고 동정심이 많으며, 책임감이 강하다는 점은 맞음
- 결과 중 많은 부분이 내가 다른 사람과의 인화를 중요시 여겨, 쉽게 끌려 다닌다고 분석

➡ 그러나, 내가 원하는 연구직 직업을 갖기 위해선 나의 생각의 타당성을 자신 있게 말하고 의견 충돌의 상황에서도 동요되지 않을 냉철함, 이성적 판단 요구됨

23

3) STRONG 직업 흥미 검사를 통해 본 '나'

직업 흥미 유형 : IRC

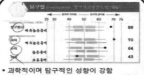

- 과학적이며 탐구적인 성향이 강함
- 정보를 수집하고 새로운 사실 또는 이론을 밝히고 자료를 해석하고 분석하기를 즐김

➡ **GOOD!**
이러한 나의 성격은,
앞으로 내가 하고자 하는
연구 및 분석 활동이
적합함을 나타냄!

- 특징적 활동) 구체적 결과가 있는 업무 수행, 도구나 큰 기계 조작·디자인, 정밀한 기계 작동

➡ **GOOD!**
실험실에서 연구를 하기 위해선
여러 장비를 잘 다룰 줄 알아야 함
이러한 **활동과 나의 흥미 일치!**

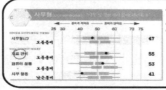

- 자료 조직화/ 세밀·정확한 주의 요구되는 활동 선호
- 큰 조직에서 일을 잘함
- 특징적 활동) 그래프·차트 제작, 보고서작성

➡ **GOOD!**
연구 및 분석 활동 시,
실험 자료를 잘 정리하는 것
매우 중요

14

그림 5-29 자기탐색 디자인 사례

4) 미래 설계 디자인

　미래 설계는 자신의 장기적인 목표를 달성하기 위한 노력의 과정을 설명하는 자료로, 자신이 과거부터 현재까지 수행해 온 모든 활동과의 관련성을 확인시켜 줄 수 있어야 한다. 과거의 포트폴리오가 자신이 경험한 활동 및 능력과 관련한 성과 중심으로 구성되었다면, 최근의 포트폴리오는 목표관리의 관점에서 자신의 장기적인 목표 달성을 위한 미래 설계 및 역량 강화 계획이 함께 나타날 수 있도록 작성되고 있다.

○ 시각화 전략 6: 시기별 미래 계획 디자인하기

　미래 계획은 자신의 꿈과 비전, 향후 계획 등을 시기별로 나누어 구체적으로 작성하는 것이 좋다. [그림 5-30]과 [그림 5-31]에서는 자신의 꿈과 비전을 이루기 위해 시기별로 어떤 목표를 수행해야 하는지의 계획을 보여주고 있는데, [그림 5-31]에서 단기 계획을 보다 구체적으로 제시하고 있다.

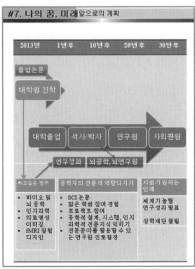

그림 5-30 미래 설계 디자인 사례 (1)

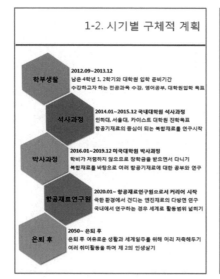 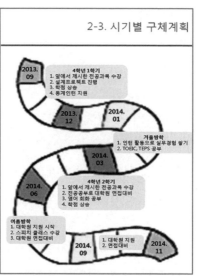

그림 5-31 미래 설계 디자인 사례 (2)

4. 요약본 디자인

요약본은 방대한 포트폴리오의 전체 내용을 일목요연하게 보여 줄 수 있는 핵심자료집이다. 따라서 요약본은 전반적으로 '나만의 의미 있는 스토리'로 구성하되, 지난 대학생활을 정리하면서 동시에 앞으로의 진로에 대한 진지한 고민을 간결하지만 강렬하게 표현할 수 있도록 제작하는 것이 중요하다. 학생포트폴리오를 대학 재학 기간 동안 작성하다 보면 그 분량이 방대해진다. 대학원 진학이나 취업 시 활용하기 위해서는 전체 포트폴리오의 자료 가운데 활용목적에 맞게 관련 핵심자료를 추출하여 요약본 형식으로 구성한 후 활용하는 것이 바람직하다.

○ 요약본 전략 1: 기본형
요약본의 기본형은 전체 포트폴리오와 같은 내용구조를 가지면서 핵심

내용을 요약하여 제시한 형태다. [그림 5-32]에서 [그림 5-34]는 포트폴
리오의 전체 목차 중 대목차를 중심으로 핵심 내용을 간결하게 한두 페이
지로 요약하여 제시한 사례다.

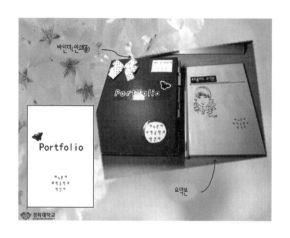

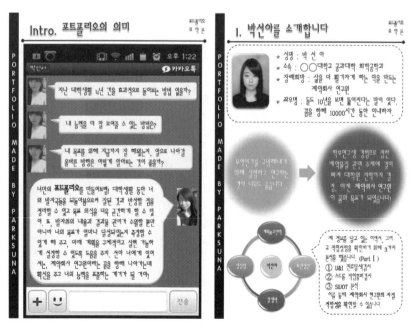

그림 5-32 요약본 기본형 디자인 사례 (1)

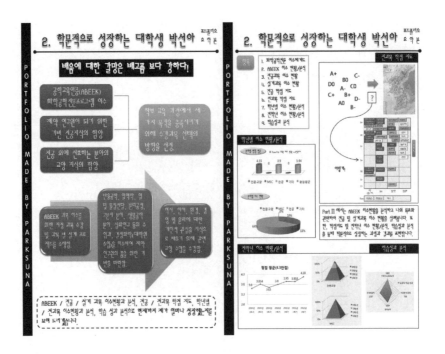

그림 5-33 요약본 기본형 디자인 사례 (2)

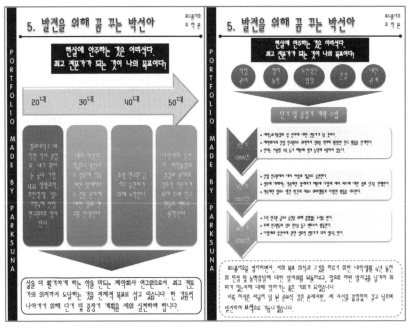

그림 5-34 요약본 기본형 디자인 사례 (3)

○ **요약본 전략 2: 잡지형**

요약본의 잡지형은 잡지 스타일을 활용하여 포트폴리오의 주요 내용을 스토리로 제시한 형태다. [그림 5-35]는 포트폴리오의 전체 내용 중 부각하고자 하는 주제를 스토리로 극화시켜서 제시한 사례다.

그림 5-35 잡지형 내용 디자인 사례

학생포트폴리오 점검하기

제6장

학생포트폴리오의 관리

학생포트폴리오는 자신의 이력이나 경력 또는 실력 등을 알아볼 수 있도록 자신이 과거에 만든 작품이나 관련 내용 등을 모아 놓은 자료철 또는 작품집으로, 대학 졸업 후 취직 및 진학 시 자신을 홍보할 수 있는 유용한 도구로 활용될 수 있다. 즉, 자신의 역량을 남에게 보여 주기 위한 홍보 자료로 활용할 수 있기 때문에, 학생포트폴리오는 자신의 목표를 달성하기 위한 과정을 잘 나타내면서 자신의 독창성과 능력을 한눈에 알아볼 수 있도록 일목요연하게 작성하는 것이 좋다. 아울러, 경력이 쌓이면서 결과물도 늘어나기 때문에 정기적으로 포트폴리오의 자료를 정리하고 관리할 필요가 있다.

학생포트폴리오를 관리하기 위해서는 일반적으로 바인더, 클리어파일, 스크랩북, 디스켓, CD-ROM · 비디오 등을 이용하는데, 필요에 따라서는 블로그 혹은 개인 홈페이지, 학생포트폴리오 관리시스템 등을 활용할 수도 있다.

1. 문서철 관리

학생포트폴리오의 자료는 단기간에 정리될 수 없기 때문에 학교 교육활동 및 교과 외 활동에 대한 자료는 그때그때 정리해야 한다.

학생포트폴리오는 목표 달성을 위한 자기 자신의 다양한 활동 및 노력 과정을 문서화해서 보여 주는 것으로, 다양한 형태로 자료를 정리하게 되면 포트폴리오가 전반적으로 산만하게 느껴질 수 있다. 따라서 포트폴리오의 자료정리 양식을 심사숙고한 후, 나만의 템플릿을 개발하여 일관성 있게 적용하면 내용을 효과적으로 전달할 수 있다.

또한, 자료를 정리할 때 가능한 한 글자의 수를 최소화하고 그림, 표, 도표, 사진 등의 시각적인 자료를 많이 활용하는 것이 내용 전달에 있어서 효과적이다. 템플릿을 통해 작성된 문서 파일은 종이로 출력하여 바인더 또는 클리어파일로 관리할 수 있다. 학생포트폴리오 자료는 학년별/학기별로 구분하되, 활동이 이루어진 시간순서별 혹은 활동영역별로 구분하여 보관하는 것이 바람직하다.

그림 6-1 학생포트폴리오의 문서철 관리 사례

2. 개인용 컴퓨터의 폴더 관리

학생포트폴리오의 문서화된 자료는 출력하여 바인더로 관리해야 할 뿐만 아니라, 그 자료의 파일을 개인용 컴퓨터에서 학생포트폴리오 폴더에 정리하여 관리하는 것이 좋다. 이를 위해서는 개인용 컴퓨터에 학생포트폴리오 폴더를 생성하고, 폴더 내의 하위 폴더를 체계적으로 분류하여 쉽게 찾을 수 있도록 정리할 필요가 있다.

폴더명은 학기별로 기간을 나누어 지정하거나 활동영역별로 구체화할 수 있다. 하위 폴더는 수강 과목명, 활동 이름으로 분류하고 결과물 사진, 기타 자료를 쉽게 찾을 수 있도록 평소에 관리해야 한다. 폴더 내 파일명도 자료 작성 일자와 문서 내용을 기초로 가능한 한 구체적으로 작성하는 것이 좋다.

그림 6-2 개인용 컴퓨터의 폴더 관리 사례 (1)

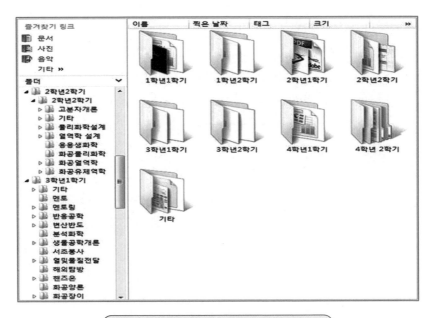

그림 6-3 개인용 컴퓨터의 폴더 관리 사례 (2)

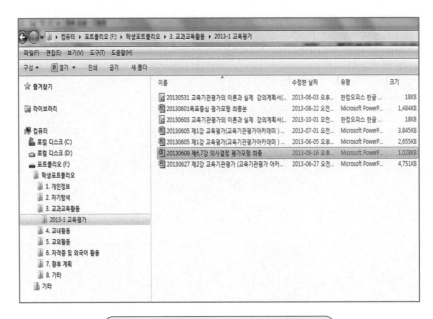

그림 6-4 개인용 컴퓨터의 폴더 관리 사례 (3)

[그림 6-4]에서와 같이 파일명을 구체화할 경우, 파일을 열어 보지 않고도 어떤 내용의 자료인지 확인할 수 있기 때문에 쉽게 찾을 수 있고, 자료를 찾아서 정리하는 시간을 절약할 수 있다. 자료의 손실을 방지하기 위하여 개인용 컴퓨터 외에 백업장치(CD/DVD, 백업용 HDD, USB 등)를 활용하거나 인터넷 클라우딩 시스템(예: N드라이브, 드롭박스 등)을 활용하여 파일을 백업해 두어야 한다.

그림 6-5 백업용 CD 관리 사례

3. 블로그를 활용한 관리

글로벌 시대에 자신을 적극적으로 홍보하기 위해 포털 사이트(예: naver, daum, google 등)의 블로그나 카페, 온라인 파일관리 서비스(예: N드라이브,

드롭박스 등) 등을 활용하여 자료를 보관함으로써 학생포트폴리오를 효과
적으로 관리할 수 있다. 블로그를 통해 관리하게 되면 많은 방문자가 생
겨 서로 정보 공유가 가능해지며, 블로거들로부터 자신의 활동에 대해 다
양한 피드백을 받을 수 있다.

　온라인 포트폴리오의 경우 어디서든 접근할 수 있고 게시가 간단하다는
장점이 있다. 컴퓨터의 하드나 USB로 자료 관리를 하다 보면 자칫 잘못하
여 모든 자료를 잃어버릴 우려가 있는데, 블로그에 자료를 저장하게 되면
자료 유실을 방지할 수 있다.

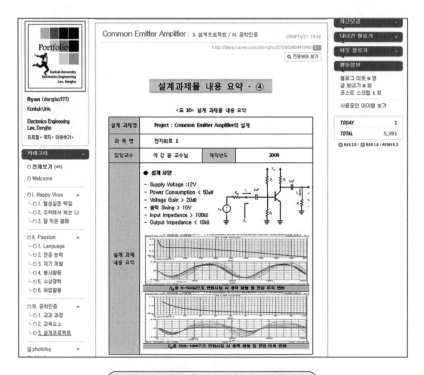

그림 6-6 블로그를 활용한 관리 사례 (1)

그림 6-7 블로그를 활용한 관리 사례 (2)

4. 학생포트폴리오 지원시스템을 활용한 관리

　최근 각 대학에서는 학생포트폴리오의 관리를 위한 지원시스템을 개발하여 학생들에게 활용할 것을 권장하고 있는데, 학생들은 학교가 제공하는 시스템을 활용함으로써 학생포트폴리오의 요약 및 기초 자료를 업로드하여 관리할 수 있다. 학생포트폴리오 지원시스템을 활용하여 포트폴리오를 관리할 경우, 자신이 작성양식을 별도로 개발하지 않고 학교가 제공하는 양식을 활용하여 정리할 수 있기 때문에 효율적이다. 그러나 학교가 제시한 기본적인 포트폴리오의 요소 이외에 개인적인 경험과 활동을 정리하는 것이 용이하지 않을 수 있으며, 졸업 후 지속적인 활용이 이루어지지 않을 수도 있다. 따라서 학생포트폴리오 지원시스템과 개인용 컴퓨터를 병행하여 자신의 포트폴리오를 관리하는 것이 바람직하다.

　학생포트폴리오 지원시스템에 정보를 입력한 다음, 업데이트된 자료를 출력하여 문서철에 보관하는 것이 좋다. 문서자료를 수시로 관찰하고 점검하면, 목표 달성을 위한 객관적인 자기평가가 가능해진다.

그림 6-8 학생포트폴리오 지원시스템을 활용한 관리 사례 (1)

그림 6-9 학생포트폴리오 지원시스템을 활용한 관리 사례 (2)

제7장

학생포트폴리오의 점검

학생포트폴리오는 단기간에 만들어 낼 수 있는 것이 아니기 때문에 충분한 여유를 가지고 작성하여야 하며, 자신의 목적에 맞게 완성된 포트폴리오에 대해 자기 자신뿐만 아니라 다양한 주위 사람으로부터 피드백을 받으면 포트폴리오의 질적 수준을 높일 수 있다. 또한, 학생포트폴리오 경진대회를 개최하는 외부 기관의 심사 기준을 참고하여 점검할 수도 있다.

1. 학생포트폴리오 구성요소에 대한 자기 점검

일반적으로 학생포트폴리오는 개인정보, 자기탐색, 교과교육활동, 교내활동, 교외활동, 자격증 및 외국어 활용, 향후 계획 및 기타 자료 등으로 구성되고, 구성요소 내의 다양한 항목이 학생포트폴리오에 적절하게 포함되어 있는지를 다음과 같은 목록표를 활용하여 점검할 수 있다. 학생포트폴리오에 대한 자기 점검은 크게 포트폴리오 구성항목은 충분한지, 작성된 내용은 성찰 등을 포함하여 진술하고 설득적으로 제시되고 있는지를 중심으로 이루어진다.

1) 개인정보 점검하기

❖ 이력서의 편집이 깔끔한가?

❖ 이력서에 부착된 사진이 최근 사진이며, 단정한 정장 차림인가?

❖ 오타가 없이 정리되고 빈칸이 없이 작성되었는가?

❖ 자기소개서에 지원동기, 성장배경, 경력사항, 학창시절, 성격의 장단점, 입사 후 포부 등이 명료하게 진술되어 있는가?

❖ 자기소개서에 지원 분야의 직무와 연계된 자신의 경험이 기술되어 있는가?

❖ 자기소개서가 진솔하고 객관적으로 작성되어 있는가?

2) 자기탐색

❖ 성격·성향관련 검사 결과를 토대로 자기분석이 이루어졌는가?

❖ 자신의 강점, 약점, 기회, 위협 요인을 분석하여, 계획수립에 반영하였는가?

❖ 다양한 주변인으로부터 자기이해를 위한 정보를 수집하였는가?

❖ 현재 자신의 능력 및 경험에 대한 분석이 이루어졌는가?

3) 교과교육활동

❖ 전공 교과목을 체계적으로 이수하고 있음을 보여 주고 있는가?

❖ 인성 및 교양 함양을 위한 교과목을 체계적으로 이수하고 있음을 보여 주고 있는가?

❖ 교과목 성적 분석결과를 기초로 향후 개선 계획을 수립하고 있는가?

❖ 설계포트폴리오, 졸업논문 등 다양한 학습결과물이 체계적으로 관리되고 있는가?

✤ 산업체 인턴십, 현장견학, 학교실험실 연구 보조 등의 다양한 활동을 수행하고 수행과제에 대한 자기 성찰을 잘 보여 주고 있는가?

✤ 합리적으로 수립된 학습성과 목표에 따라 학습성과 달성도를 확인하고 있음을 보여 주고 있는가?

4) 교내활동

✤ 다양한 교내활동(동아리, 학생회 등)과 관련된 자료를 체계적으로 정리하여 제시하고 있는가?

✤ 수상 및 장학금 수혜 등에 대한 기록을 잘 보여 주고 있는가?

✤ 학생회 등 팀 활동과 관련된 기록에서 협동정신과 리더십이 잘 반영되어 있는가?

✤ 다양한 교내활동과 자신의 목표와의 관련성이 잘 나타나고 있는가?

✤ 다양한 교내활동에 대한 자기반성 및 성찰을 보여 주고 있는가?

5) 교외활동

✤ 다양한 교외활동과 관련된 자료를 체계적으로 정리하여 제시하고 있는가?

✤ 사회봉사활동에 대한 기록에서 직업적·윤리적 책임의식이 잘 반영되어 있는가?

✤ 다양한 교외활동과 자신의 목표와의 관련성이 잘 나타나고 있는가?

✤ 다양한 교외활동에 대한 자기반성 및 성찰을 보여 주고 있는가?

6) 자격증 및 외국어 활용

✤ 자격증 취득을 위한 노력 및 성과에 대한 기록을 잘 보여 주고 있는가?

✤ 외국어 능력 향상을 위한 노력 및 성과에 대한 기록을 잘 보여 주고 있는가?

7) 향후 계획

❖ 자신의 목표를 달성하기 위한 장·단기 계획을 수립하고 있는가?

❖ 구체적인 계획을 수립하여 실행하는 과정을 보여 주고 있는가?

❖ 목표달성도를 분석·점검하여 향후 계획에 반영하고 있는가?

8) 기타 자료

❖ 다양한 자료를 적극적으로 수집하여 효과적으로 전달하고 있는가?

〈표 7-1〉 학생포트폴리오의 구성요소별 점검 목록표

학생포트폴리오 점검표

구분	내용	반영 유무(V)
개인정보	1. 이력서(이력서 작성이 어려울 경우 개인카드로 대체) 2. 자기소개서 3. 기타 해당 자료	
자기탐색	1. 성격, 성향관련 검사 결과표(MBTI, 직업선호도 검사 등) 2. SWOT 분석 3. 주변인 설문조사 분석 내용 4. 기타 해당 자료	
교과교육 활동	1. 교과과정 이수현황표 2. 성적증명서 3. 주요 교과목 과제물 4. 졸업작품, 설계포트폴리오 5. 졸업논문, 학술지 발표 논문 등 6. 기타 해당 자료 ○ 인턴/실습/연수 등 교과과정과 연계한 현장학습 실적 ○ 교과과정과 연계한 졸업논문, 국내외 학술행사/학술지 발표 논문 등 ○ 학습성과 성취를 증빙할 수 있는 자료	

교내활동	1. 교내활동 전체 목록표 2. 동아리 활동 내역서 3. 학생회 활동 내역서 4. 학회 활동 내역서 5. 봉사 활동 내역서 6. 연구실 활동 내역서 7. 그룹스터디 활동 내역서 8. 근로학생 활동 내역서 9. 기타 해당 자료	
교외활동	1. 교외활동 전체 목록표 2. 공모전 활동 내역서 3. 홍보대사 활동 내역서 4. 아르바이트 활동 내역서 5. 인턴 활동 내역서 6. 봉사 활동(교외, 해외) 내역서 7. 교환학생 활동 내역서 8. 해외 연수 활동 내역서 9. 기타 해당 자료	
자격증 및 외국어 활용	1. 자격증 취득 목록표 2. 직무 관련 취득 자격증 3. 컴퓨터 활용 능력 관련 취득 자격증 4. 기타 자격증 5. 외국어 취득 목록표 6. 영어 시험 성적표 7. 기타 외국어 시험 성적표	
향후 계획	1. 나의 목표 2. 목표 달성을 위한 구체적 계획 3. 기타 해당 자료	
기타 자료	1. 추천서(교수님, 부모님, 친구, 선배, 아르바이트 사장님 등) 2. 취미활동 관련 내용 3. 블로그, 트위터, 페이스북 등 인터넷 커뮤니티 활동 내용 4. 인맥 구성도 5. 감명 깊게 읽은 책, 나에게 희망을 심어 준 책 등	

〈표 7-2〉 학생포트폴리오 자가진단표

학생포트폴리오 자가진단표

구분	자가진단 항목	포함될 수 있는 자료	체크
구성	• 체계를 갖추고 있고, 누구나 쉽게 이해할 수 있도록 구성되어 있다.	• 목차	
	• 졸업 후 진로가 명확하며, 진로를 향한 이력 관리가 입체적으로 제시되어 있다.	• 이력서 • 자기소개서	
	• 구성 방식, 표현 방법, 디자인 등이 창의적이고 참신하게 구성되어 있다.	• e-포트폴리오 제작 • 안내 매뉴얼 제공	
학습 활동	• 수학, 기초과학 등 전공 기반 교과목을 체계적으로 이수하고 있음을 나타내고 있다.	• 학업계획서 • 이수과목 현황표 • 인상 깊은 수업	
	• 비기술적 자질(soft skill)을 함양하는 교과목을 체계적으로 이수하고 있음을 나타내고 있다.		
	• 전공교과목을 체계적으로 이수하고 있음을 나타내고 있다.		
	• 설계포트폴리오, 졸업논문 등 다양한 학습결과물이 체계적으로 관리되고 있음을 보여 주고 있다.	• 설계 과제물 보고서 • 발표물 요약 • 국내외 학회 발표 논문 • 졸업논문	
	• 산업체, 인턴십, 현장 견학, 학교실험실 연구보조 등 다양한 활동을 수행하고 수행과정 및 결과에 대한 자기성찰을 잘 보여 주고 있다.	• 활동 보고서 • 평가서	
	• 합리적으로 수립된 학습성과 목표에 따라 학습성과 달성도를 확인하고 있음을 보여 주고 있다.	• 학기별 학습성과 달성도	

학습 외 활동	• 각종 시험, 자격증, 수상, 장학금 수혜 등에 대한 기록을 잘 보여 주고 있다.	• 외국어 성적 • 각종 자격증 • 수상경력 사본	
	• 사회봉사 활동에 대한 기록에서 직업적 · 윤리적 책임의식이 잘 반영되어 있다.	• 봉사활동에 관한 증빙물/사진	
	• 팀 활동과 관련된 기록에서 협동 정신과 리더십이 잘 반영되어 있다.	• 동아리 활동에 관한 증빙물/사진 • 팀 프로젝트 보고서	
자아성찰 및 발전 과정의 표현	• 각종 교과, 비교과활동을 통한 자신의 성장(발전) 과정이나 자아성찰의 기록이 담겨 있다.		
	• 각종 학습활동 및 비학습활동을 통하여 전공 능력이 함양되었거나 함양되고 있음을 나타내고 있다.	–	
	• 미래 계획이나 목표에 비추어 자신의 현재 상태에 대한 분석과 평가가 기술되어 있다.	• 진로계획 • 희망취업 분야 • 향후 진로 • 상담기록 • SWOT 분석	

2. 타인으로부터의 피드백

포트폴리오의 전반적인 내용과 구성에 대해 동료학생, 지도교수, 학부모 등 다양한 사람으로부터 조언 및 피드백을 받아 보완할 수 있으며, 보다 수준 높은 포트폴리오를 완성하기 위해서는 포트폴리오 전문가의 컨설팅을 통해 수정 및 보완을 하는 것이 좋다. 타인으로부터의 피드백을 받아 점검하는 방법으로 피드백 일지를 활용할 수 있다.

〈표 7-3〉 학생포트폴리오에 대한 피드백 일지

학생포트폴리오에 대한 피드백 일지

성명		소속	
지도교수			

날짜	피드백 내용	개선 및 반영 내용
월 일		
월 일		

〈표 7-4〉 학생포트폴리오에 대한 피드백 일지 사례 (1)

학생포트폴리오에 대한 피드백 일지

성명	김○○		소속	전자정보대학
지도교수	홍△△			

날짜	피드백 내용	개선 및 반영 내용
7월 1일	• 차례에 제목 구체화할 것 • 전공과목 이수트리에 항목 이름 붙일 것 • 2013 여름방학 활동내역 추가	• 여름방학 활동내역 추가 　– 퀄컴 IT Tour 　– DGIST 하계인턴십 　– 대학 IP challenge 금상 • 총 193page → 227page (34page 추가) • 수상 증빙자료 모음 • 세부 배치 및 디자인 변경 • 이력서 변경, 사진 변경
8월 16일	• 중간에 일목요연하게 정리하는 page 넣을 것 • '공학인' chapter의 글쓰기 과목 다른 chapter로 옮길 것 • 글과 그림을 혼합배치할 것 • '문화인' chapter를 '창조인'으로 바꿀 것	• 세부 디자인 및 글꼴 변경 • 마지막 chapter에 계획 부분 추가 • 학업성적 4학년 1학기까지 추가 • 글, 그림 혼합배치 • '문화인' chapter를 '창조인'으로 변경
8월 19일	• 이수체계 어필할 것 • 졸업생 역량 언급할 것 • 학습성찰은 내용과 과정 2가지로 쓸 것 • 객관적 검사 결과 추가할 것 • 줄맞춤, 글 작성 및 세부사항 수정할 것	• 방사형차트 안의 숫자 표시 제거 • 82page 학습성찰 • 14~16page 위아래 순서 변경 • 29page labeling • 36page 줄맞춤 • 93page 그림 설명

〈표 7-4〉 학생포트폴리오 피드백 반영 일지 사례 (2)

학생포트폴리오에 대한 피드백 일지

성명	공○○	소속	공과대학
지도교수	정△△		

날짜	피드백 내용	개선 및 반영 내용
7월 17일	내용이 중구난방하다! 활동 내용이 많은 것은 좋으나 구슬을 잘 엮지 못해서 내용이 산만하고 집중되지 못한 것 같으므로 나만의 이야기 'Flow'를 만들어서 알맞게 구슬(활동 내용)을 엮어야 된다고 말씀해 주셨습니다.	'중동 개척가'라는 메인 흐름을 만들었습니다. 그리고 이를 중심으로 목차를 다시 재편성하여 전체적으로 하나의 흐름을 가진 이야기로 만들기 위해 노력하였습니다.
8월 1일	앞뒤가 맞는 미래 계획이 필요하다! 현재 파트7 미래 계획은 앞뒤가 조화롭지 못하다고 하셨습니다. 사업을 하는 사람이 바로 교수가 될 수는 없기 때문입니다. 따라서 과 선배님이나 교수님과 상담을 통해 미래 계획에 대해 좀 더 고민을 해 봐야 할 것 같습니다.	교수님의 조언을 기초로 하여 과 선배나 유사 업종에 종사하는 분들과 상담을 하고, 제 스스로 자료를 찾아보며 고민도 하여 좀 더 심도 있는 미래 계획을 세웠습니다.
8월 12일	ABEEK(공학인증) 강조가 필요하다! ABEEK를 인증하지 않는 학생이라도 이번 학생포트폴리오는 공학인증원에서 개최하기 때문에 공학인증을 이수하는 것처럼 느낌을 내면 좋다고 말씀해 주셨습니다.	입학기준 11년도의 공학인증제도로 바탕으로 '파트2'를 전체적으로 수정하였습니다. 공학인증커리큘럼에 알맞게 용어와 배치를 바꾸었습니다.
8월 19일	학생포트폴리오 채점표 기준에 맞춰라! 이번 상담에서는 교수님께서 직접 학생포트폴리오 채점표를 가져와 해석해 주셨습니다. 그리고 이 채점표를 통해 공학적 요소 및 피드백 등 포트폴리오에서 무엇을 강조해야 할지 조언해 주셨습니다.	설계 프로젝트 후 피드백 부분을 수정하였습니다. 단순하게 자가 평가뿐만 아니라 객관적인 성적과 이수방법 내용을 포함시켜 타당성 있는 피드백을 표현하였습니다.

3. 외부 심사 기준

　최근 공학계열 대학을 중심으로 대학생들의 자기계발 및 관리를 적극 유도하기 위해 외부기관뿐만 아니라 대학차원에서도 학생포트폴리오 경진대회를 개최하고 있다. 학생포트폴리오 경진대회에 참가하고자 하는 학생들은 〈표 7-5〉와 같이 자신이 참가하고자 하는 기관의 심사 기준을 참고하여 자신의 포트폴리오를 점검할 필요가 있다. 학생포트폴리오 심사 시 주의하여야 할 사항들이 무엇이 있는지에 대한 관련 정보를 수집하여 점검하는 활동도 필요하다. 〈표 7-6〉은 학생포트폴리오를 주관하는 기관에서 대회 개최 전 안내한 심사 중점 사항으로, 자신의 포트폴리오 점검에 이를 활용할 수 있다. 또한 [그림 7-1], [그림 7-2]와 같이 이전의 참가 학생들에 대한 심사평도 참고하여 점검한다면, 보다 완성도 높은 포트폴리오를 작성할 수 있을 것이다.

〈표 7-5〉 학생포트폴리오 심사 기준 사례[1]

항목	세부 문항	배점
1. 제출물 평가	• 목표가 명확한가? • 필수 내용을 포함하고 있는가? • 체계적인 구성과 효과적인 표현으로 자신만의 독창적인 포트폴리오를 작성하였는가?	10
2. 공학 교육 관련 내용	• 연도별 교과이수과정, 프로그램 이수트리 등이 효과적으로 표현되었는가? • 수행과정 및 결과에 대한 자기성찰 내용이 반영되어 있는가?	25
3. 학습 성과 결과물 관리	• 설계포트폴리오, 졸업논문, 국내외 발표 논문 등 다양한 학습결과물이 체계적으로 관리되었는가? • 프로그램에서 설정한 학습 성과와 관련하여 자신의 학습 성과 달성도를 체크하고 있음을 보여 주고 있는가?	25

1) 한국공학교육인증원의 심사 기준을 토대로 재구성하였음.

4. 기타 활동	• 아르바이트, 동아리 활동, 산업체 인턴십, 현장견학, 학교실험실 연구보조 등의 다양한 활동을 수행하고, 수행과정 및 결과에 대한 자기성찰의 기록을 잘 보여 주고 있는가? • 각종 시험결과, 자격증, 수상경력, 장학금 수혜경력 등의 기록관리가 잘 되어 있는가? • 사회봉사 활동에 대한 기록에서 제출자의 직업적·윤리적 책임의식이 잘 반영되어 있는가? • 팀 활동에서 협동정신과 리더십이 반영되어 있는가?	25

5. 총괄 평가	• 전공지식 및 창의성을 함양시키기 위하여 포트폴리오를 체계적으로 관리하고 자신의 의지를 충분히 표현하고 있는가?
	• 발전과정의 표현 및 자아성찰이 포함되어 있는가?
	  1) 자신의 성장(발전)과정이나 자아성찰의 기록이 있는가?
	  2) 미래계획이나 목표에 비추어 자신의 현재 상태에 대한 분석과 평가가 기술되어 있는가?
		15

〈표 7-6〉 학생포트폴리오 심사 시 중점 사항(2013년 한국공학교육인증원)

• 포트폴리오의 목표가 명확하게 드러나는 것이 중요함.
• 학생의 상대적 수행성과(학점, 포상 등)는 심사 대상이 아님.
• 체계적 구성을 통하여 누구나 쉽게 이해할 수 있도록 이력서 등을 통해 자신의 능력을 잘 표현하고 있는지를 평가함.
• 공학교육에서 요구하고 있는 교양, 전공과정들의 이수과정 체계가 학생 자신의 의지로 잘 관리되고 있는지를 평가함.
• 전공관련 이수 프로그램의 조건들을 잘 이해하고 관리하며, 특히 전공과목 내에서 자신의 역할이 창의적이고 학습성과를 만족할 수 있도록 유지·관리하고 있는지를 평가함.
• 자신의 계발, 사회봉사, 공학인의 직업적·윤리적 책임의식 등 공학인이 갖추어야 할 교양을 비교과과목들에서 얼마나 다양하고 내실 있게 수행 및 관리되는가를 평가함.

- 포트폴리오가 전체적으로 창의적이며 체계적으로 관리되고 사회적으로 활용하여 충분히 자신의 의지를 표현하고 있는가를 포괄적으로 평가함.
- 자신의 발달과정 및 자아성찰 내용 필수임.
- 미래 계획이나 목표에 비추어 자신의 현재 상태에 대한 분석과 평가가 기술되어 있음.
- 요약본은 향후 교외 대회에서도 결정적 항목이므로, 단순 요약보다는 전체 구성의 스토리를 볼 수 있는 작품을 우선시함.
- 교과목 과제물은 전체 내용을 수록하기보다는 요약해서 제시하는 것이 바람직함.

학생포트폴리오 전국 경진대회 심사총평 요약

– 출처: 제37회 공학교육인증포럼(2013), 제7회 학생포트폴리오 경진대회 설명회, 한국공학교육인증원

제6회(2012년)	대상	제4분야

- ✔ 공학교육인증의 목적에 부합하는 내용으로 학업관리, 설계프로젝트 관리 등 내용의 체계적인 구성 및 표현방법이 우수함.
- ✔ 다양한 학습활동의 기록이 체계적으로 잘 정리가 되어 있고
- ✔ 공학교육인증과 관련한 다양하고 실질적인 참여활동 실적이 돋보임.
- ✔ 본인의 전공과 향후 진로, 목표와의 차이에 대한 정확한 인식 및 준비과정이 돋보임.

제6회(2012년)	금상	제1분야

- ✔ 포트폴리오의 구성, 정리가 매우 우수하고 체계적이며 창의적임.
- ✔ 자기관리, 목표관리, 인증을 받기 위한 과정과 노력이 명확하고 비전에 대한 구현방법, 실현가능성 등을 잘 표현함.
- ✔ 지난번 평가 때보다 발전된 포트폴리오를 제시함.
- ✔ 학생의 진로, 대학생활, 인정, 비교과정활동을 관리하며 인증이 추구하는 방향의 모범이 된다고 판단됨.

제6회(2012년)	금상	제3분야

- ✔ 본인의 이력을 쉽게 이해할 수 있도록 체계적으로 구성
- ✔ 현재의 자신을 분석하고 이를 바탕으로 목표를 수립하였고, 수립된 목표를 향한 이력관리가 입체적이며 표현방식이 창의적임.
- ✔ 공학인증을 위한 매학기 이수체계에 따른 이수실적 및 결과분석이 체계적이고 학습결과물의 관리 및 결과 정리가 우수함.
- ✔ 설계결과 요약과 달성사항 정리가 깔끔하고 기타자료 정리가 체계적
- ✔ 학습외활동의 기록/분석이 양호하고 팀활동기록의 정리가 우수하며 현재의 자신에 대한 분석과 미래목표를 향한 단기계획수립이 돋보임.

그림 7-1 학생포트폴리오 경진대회 심사 총평 사례 (1)

제5회(2011년)	대상	제1분야

- ✔ 포트폴리오의 구성이 짜임새 있고 체계적임.
- ✔ 이력요약 및 목차요약의 건출식 표현은 특히 인상적임.
- ✔ 인증요건의 객관적 자료가 일목요연하게 정리되어 있음.
- ✔ 학습외활동 및 각종 자격증, 수상내용도 검색이 용이하게 잘 정리됨.
- ✔ 현재의 자신분석, 미래의 비전 및 목표 설정이 명확하게 제시되어 이를 달성하기 위한 자신의 준비 계획 및 수행실적 관리가 잘 진행되고 있음을 보여 줌.

제5회(2011년)	금상	제4분야

- ✔ 자신의 장단점 및 적성분석 등을 통하여 졸업 후 명확히 진로를 설정하고 중단기적으로 이력관리를 하고 있는 것이 잘 나타나 있음.
- ✔ 학생포트폴리오를 체계적으로 취미부터 학습활동 그리고 학습외활동까지 모든 학교생활 동안 활동내용들을 잘 파악할 수 있도록 구성되어 있음.
- ✔ 취미와 연계하여 향후 5년, 10년, 20년 후 계획을 세워 체계적으로 준비하고 있는 것을 잘 보여 주고 있음.

제5회(2011년)	금상	제2분야

- ✔ 공학인증 목적을 잘 이해하고 이에 따른 체계적 관리가 이루어지고 있고 다양한 진로방향에 따른 수학의 목적과 이상이 잘 표현되고 있음.
- ✔ 공학인증체계에 따른 공학교양, MSC, 전공과목 등의 이수체계에 따라 잘 관리되고 있음을 보여 주고 있음.
- ✔ 교과목 및 비교과목 등 학습성과 달성을 위한 다양한 활동과 팀워크, 현장실습, 견학 등 활동과 이를 통해 획득되어진 자기성찰을 비교적 잘 관리하고 있음.
- ✔ 사회봉사, 평생교육 등의 미래비전과 전공과의 연계를 통해 공학교육의 목적에 부합한 포트폴리오를 잘 구성하고 있음.

그림 7-2 학생포트폴리오 경진대회 심사 총평 사례 (2)

제8장

학생포트폴리오의 활용

　대학 4년 동안 다양한 자료를 축적하고 관리하여 자신만의 학생포트폴리오를 만들었다면, 이를 통해 취업이나 진학을 준비하기 위하여 나의 역량을 적극적으로 소개하는 홍보자료를 만들 수 있다. 포트폴리오를 활용한 자기홍보자료는 심층적인 나의 경험과 성과를 중심으로 보여 주기 때문에, 즉흥적으로 작성하는 자기소개서와는 질적으로 다를 수밖에 없다. 최근 고용노동부에서 시도하고 있는 핵심직무역량평가나 국회미래인재육성포럼 등에서 역량기반이력서의 필요성을 적극적으로 제기하고 있다. 즉, 과도한 스펙 경쟁보다는 희망하는 진로분야에 적합한 적정 스펙과 함께 자신의 역량을 보여 줄 수 있는 역량중심이력서의 활용이 대두되고 있다. 이에 많은 기업은 스펙 초월 전형을 앞다투어 적용하고 있으며, 학생들은 자신의 취업분야에서 얼마나 준비된 인재인지를 스펙과 함께 자신만의 스토리(Story)로 작성하고 있다. 따라서 평소에 학생포트폴리오를 충실하게 작성한 학생들은 이를 바탕으로 독창적인 역량기반이력서 및 자기소개서를 작성할 수 있다.

1. 학생포트폴리오의 활용 방법

1) 학업관리를 위한 학업계획표

학생포트폴리오는 재학 기간 중 학업계획표로 활용될 수 있다. 학생들은 해당 학과의 교육과정 이수체계 및 자신의 진로계획을 고려하여 교과목 수강계획을 수립할 수 있다. 또한, 교과목 학업성취에 대한 목표수준을 설정하고, 교과목의 성적분석을 통한 학업성취도 및 학습성과 관리를 할 수 있다. 자신의 학업계획표에 따라 해당 교과목을 왜 수강해야 하는지 그 목적을 알게 되고, 수강한 교과목에 관련된 성취자료(결과물)를 분석하여 학생포트폴리오에 기록함으로써 학업계획을 수정하고 보완해 나갈 수 있다.

2) 역량개발을 위한 진로계획표

학생포트폴리오는 자신이 하고자 하는 분야 및 사회에서 요구하는 역량을 개발하기 위한 진로계획표로 활용되기도 한다. 학생들은 졸업 후 어떤 직업을 갖고 싶은지, 인생의 궁극적인 목적은 무엇인지를 스스로 찾아내고, 이를 위해 입학 시점에서 졸업까지 어떤 단계에 따라 무엇을 해 나가야 할지에 대한 구체적인 로드맵을 학생포트폴리오에 기록함으로써 진로계획을 수립할 수 있다. 입학 시에는 비슷한 능력 수준을 가진 학생들이지만 자신의 역량개발을 위해 자신의 학업계획 및 진로계획에 따라 노력한 과정을 학생포트폴리오에 성실하게 기록한다면 졸업 시점에서 역량의 수준 차이가 크게 나타날 수 있다.

3) 직업역량증빙을 위한 홍보자료

학생포트폴리오는 자신의 역량을 체계적으로 관리할 뿐만 아니라 직업역량을 증빙할 수 있는 자신의 홍보자료로도 활용된다. 학생들은 취업 시점에서 자신의 창의적 문제해결능력, 의사소통능력, 팀워크, 국제적 이해능력, 전공실무능력 등 전공 분야의 졸업생으로서 갖추어야 할 직업역량들을 학생포트폴리오의 다양한 증빙자료를 통해 제시할 수 있다. 자신의 목표 달성을 위한 노력 및 성장과정, 그로 인한 능력과 자질에 대한 자료를 학생포트폴리오에 일목요연하게 정리함으로써, 이력서나 자기소개서에서 언급한 직업역량에 대해 구체적으로 증빙할 수 있다.

4) 인생설계를 위한 자서전

학생포트폴리오는 자신이 해 온 다양한 활동을 연대기적으로 또는 주제별로 구성함으로써 자신만의 자서전으로 활용할 수 있다. 자신의 목표 달성 과정에서의 성공적인 경험(성과물)뿐만 아니라 실패 경험을 의미 있는 스토리로 구성하여 관련 증빙자료를 학생포트폴리오에 기록하여 축적해 둔다면 나만의 자서전을 작성하는 데 도움이 된다. 학생포트폴리오에 정리된 자료를 통해 과거 자신의 발자취를 거슬러 확인해 보고, 그에 따른 현재 자신의 모습을 진단함으로써 보다 발전적인 미래 설계를 위한 나만의 인생설계서를 개발할 수 있는 것이다.

5) 취업면접을 위한 전인적 평가도구

학생포트폴리오는 취업면접 및 진학 시 자신의 역량 및 성실함을 증빙할 수 있는 유용한 도구로 활용할 수 있다. 최근 기업에서는 지원자들의 스펙이 상향평준화되어 이력서나 자기소개서 등의 제출서류만으로는 적합한 인재를 선발하기 어렵기 때문에, 스펙을 요구하는 대신 자기 생각을 글이나 동영상, 파워포인트로 제출하는 '스펙 초월 전형'을 시도하고 있다 (한국경제 2014.5.29). 학생포트폴리오를 통해 면접자의 주요 성취물 및 성취과정, 비전, 인생철학뿐만 아니라 해당 기업에서 필요로 하는 구체적인 역량에 대한 정보를 제공할 수 있기 때문에 '스펙 초월 전형'을 준비하는 강력한 도구가 되기도 한다. 자신의 직업역량 개발 과정뿐만 아니라 이력서 및 자기소개서에 기재된 사실에 대한 구체적인 증빙자료를 학생포트폴리오에 정리하여 제시함으로써 자신에 대해 전인적인 평가를 받을 수 있으며, 타인으로부터 성실함을 인정받고 신뢰감을 얻을 수 있다.

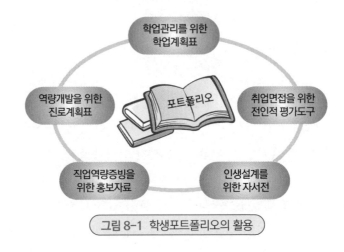

그림 8-1 학생포트폴리오의 활용

2. 역량기반지원서의 이해

역량기반평가는 학력이나 스펙 이외에 인성이나 능력을 평가하여 채용하기 위한 방식으로 활용되고 있다. 특히 고용노동부는 새로운 채용관행을 만들기 위해 학력이나 영어점수 등이 들어간 '스펙란'을 제외하고 직무관련경험에 초점을 둔 '평가모델'을 제시하고 있다. 이 모델은 기업의 인재상 등을 분석하고 현업에 있는 인사담당자들과의 심층인터뷰를 통해 핵심직무역량을 밝히며, 다양한 검증과정을 통해 개발하여 활용되고 있다.

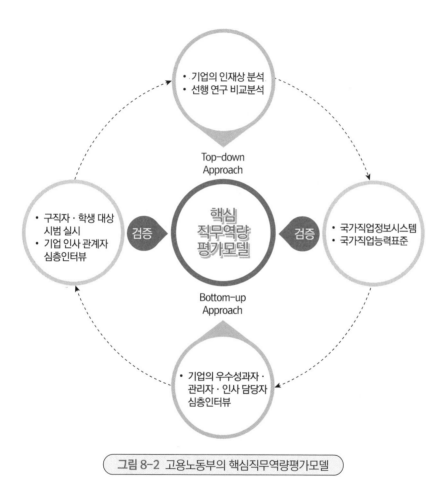

그림 8-2 고용노동부의 핵심직무역량평가모델

• 고용노동부의 '역량기반지원서' 사례

기존 입사지원서는 학력, 가족사항, 불필요한 스펙 등의 이력을 기재하고 있는 반면, 고용노동부의 역량기반지원서는 최소한의 인적사항을 적고, 직무관련성이 높은 사항을 주로 기재하도록 하고 있다. 예를 들면, 교내외 활동경험, 인턴 등 근무경험, 직무관련 자격증, 수상내역 등을 작성하도록 하여, 지원자의 직무관련 경험이나 역량을 평가하기 위한 시도를 하고 있다.

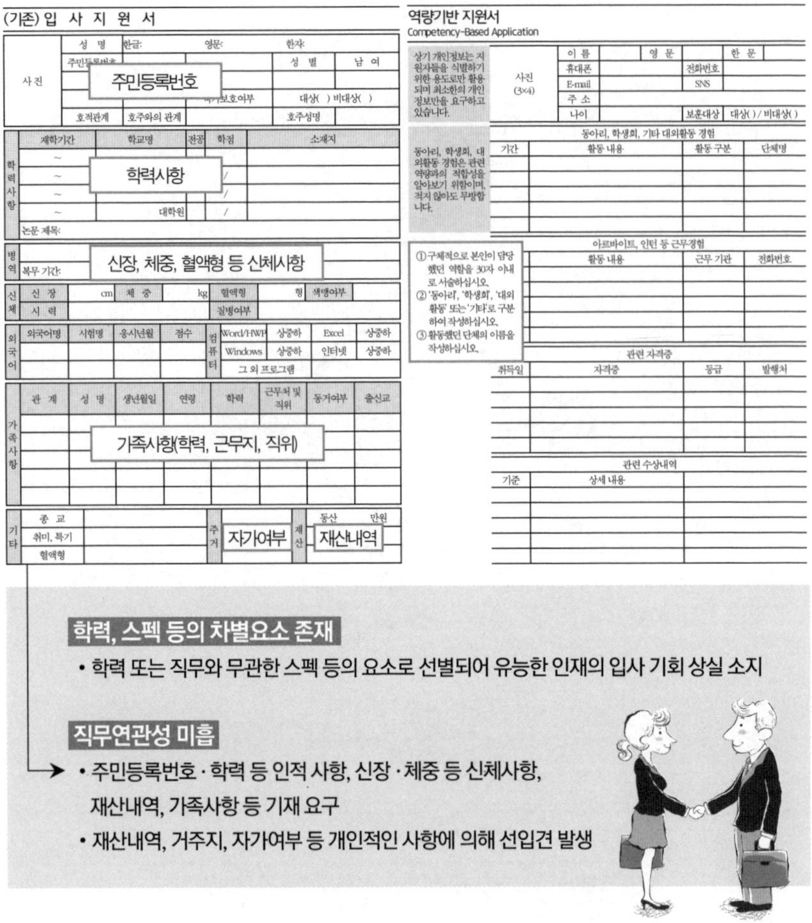

그림 8-3 기존 입사지원서와 역량기반지원서

(기존) 자 기 소 개 서	
	작성일자: 2015년 월 일
성장과정 및 학창생활	
성격의 장 · 단점	
경력사항	
지원동기 및 입사 후 포부	

그림 8-4 기존의 자기소개서 사례

역량기반 지원서
Competency-Based Application Sheet

* 〈TYPE A〉 창의 · 도전 지향

도전정신

우리는 반복적인 일상을 살아가면서도 때로는 높은 목표를 설정하고, 그 목표를 성취하기 위해 노력하기도 합니다. 이와 같이 열정을 가지고 높은 목표를 성취하기 위해 노력했던 본인의 사례를 작성해 주십시오.

역량기술서 작성 순서

STEP 1: 해당 역량 경험 및 사례에 대한 배경, 환경, 이유 등에 대해 서술
STEP 2: 실제 자신이 행동했던 것에 대해 구체적으로 서술
STEP 3: 행동의 결과와 경험을 통해 얻은 교훈을 서술

* 어떠한 상황(배경) 속에서 그 일을 하게 되었습니까? (200자 이내)

* 구체적으로 어떠한 일을, 어떻게 행동하였습니까? (200자 이내)

* 열정을 다해 행동한 결과는 어떠하였습니까? (200자 이내)

글 로 벌 마 인 드

해외여행, 각종 미디어 매체 등을 통해 익힌 타문화와 우리나라 문화를 비교하여 우리나라 문화의 장단점을 작성해 주십시오.

역량기술서 작성 순서

STEP 1: 해당 역량 경험 및 사례에 대한 배경, 환경, 이유 등에 대해 서술
STEP 2: 실제 자신이 행동했던 것에 대해 구체적으로 서술
STEP 3: 행동의 결과와 경험을 통해 얻은 교훈을 서술

* 해외여행이나 각종 미디어 매체 등을 통해 타문화를 익힌 경험이 있다면 어떤 타문화의 경험이었으며, 우리나라 문화와 어떤 점이 다르다고 생각했습니까? (200자 이내)

* 우리나라 문화와 비교하여 타문화의 장단점은 무엇이었습니까? (200자 이내)

* 그 경험을 통해 느낀 점이 있습니까? (200자 이내)

그림 8-5 고용노동부의 역량기반지원서 사례

3. 역량기반포트폴리오 요약서 작성

제4장에서 제시하고 있는 학생포트폴리오의 구성요소에 따라 자신의 스토리를 작성하였다면, 그 내용을 실제 활용하기 위한 준비 작업으로 역량기반포트폴리오 요약서 작성을 추천한다. 역량기반포트폴리오 요약서는 자신이 대학 재학 중 수행한 활동들에 대하여, 자신의 역량을 두 가지로 구분하여 정리하는 것이 핵심이다. 즉, 사회에서 요구하는 핵심인재로서 필요한 공통적인 '핵심역량'과 해당 직업분야와 관련된 '직무역량'으로 구분하여 작성한다. 포트폴리오 구성요소별 작성내용에서 자신이 중점적으로 강화시킬 수 있었던 핵심역량과 직무역량을 중심으로, 구체적인 상황, 수행활동, 획득된 성과를 작성하도록 한다. 구체적으로 어떤 상황에서 어떤 활동을 수행하여 성공적인 결과를 얻게 되었는지를 상황이나 사례 중심으로 작성하는 것이 바람직하다. 〈표 8-1〉은 역량기반포트폴리오 요약서의 양식이며, 구체적인 사례는 〈표 8-2〉에 제시되고 있다.

이와 같은 역량기반포트폴리오 요약서는 스펙 초월 전형을 실시하는 기업에서 역량기반지원서나 역량기반자기소개서를 작성할 경우 자신의 역량을 독창적으로 표현하는 데 필요한 핵심자료로 활용할 수 있다.

〈표 8-1〉 역량기반포트폴리오 요약서 양식

역량기반포트폴리오 요약서

작성일자: 201○년 ○월 ○일

나의 목표 분석	인생의 목표			
	희망 직업 분야			
나의 핵심역량 분석	작성 항목	구체적인 상황	수행 활동	획득한 성과
	자원정보기술의 활용			
	의사소통역량			
	대인관계역량			
	글로벌역량			
	종합적 사고력			
	자기관리역량			
나의 직무역량 분석	작성 항목	구체적인 상황	수행 활동	획득한 성과
	○○○○역량			
	○○○○역량			
	○○○○역량			
	○○○○역량			
향후 계획	단기			
	중기			
	장기			

〈표 8-2〉 역량기반포트폴리오 요약서 양식

역량기반포트폴리오 요약서(예시)

작성일자: 2015년 1월 7일

나의 목표 분석	인생의 목표	새로운 가치를 창출하는, 세상에 꼭 필요한 공학자가 되자.		
	희망 직업 분야	의료공학자(Biomedical Engineer)		
나의 핵심 역량 분석	작성 항목	구체적인 상황	수행 활동	획득한 성과
	자원정보 기술의 활용	연구 활동 시 자원 정보기술의 활용: 학부생 연구활동 프로그램(2012.09.01.~2013.12.01.)	경희대학교, 대구경북과학기술원, 한국한의학 연구원에서 연구 자료의 정보수집, 통계 분석, 논문 작성을 하였음.	Microsoft office 활용능력 우수, 워드프로세서 1급 자격취득(대한상공회의소), 정보검색능력 상승
	의사소통 역량	국제지식재산연수원에서의 연수 프로그램 참여: IP-Challenge 체험학습(2013.06.25.~2013.06.28.)	지식재산연수원에서 발명 연수과정 중 다른 전공의 사람들과 발명아이디어 과제를 수행하게 됨. 내가 아이디어 토의를 주체적으로 진행함으로써 서로의 지식을 통합하는 아이디어를 제출할 수 있었음.	한국발명진흥회 대학 IP challenge 금상 수상. 다른 전공 분야의 사람들과 소통하여 서로의 지식을 통합하는 법을 배움.

대인관계 역량	학창시절 임원 다수 경험, 부천시 토론 동아리 회장 역임(2009.03.01.~2009.12.31.)	학급에서의 교우관계 갈등 해결, 학급회의 진행, 토론동아리에서 토론 진행 등을 통해 여러 사람의 의견을 이끌어 냄. 여러 사회 이슈와 관련하여 매주 주제를 선정함.	임원 역할을 성실히 수행하고 갈등을 해결함으로써 신뢰를 얻음. 다수의 의견이 상충될 때 의견을 하나로 모으는 법을 알게 됨.
글로벌 역량	- UNESCO 국제 자원봉사활동(2012.07.01.~2012.08.01.) - San Jose State University 전공 연수(2011.07.11.~2011.08.15.) - Sandiego Qualcomm 본사 방문(2013.07.01.~2013.07.15.) - 국제학생 도우미 활동(2011.03.01.~2011.09.01.)	- 외국 문화 교류 경험, 미국 대학 전공/어학 연수 경험, 미국 기업 본사 초청 방문 경험 - 외국 학생들의 학교 적응과 한국어 교육을 담당함.	- 외국의 다른 문화를 이해하고 소통하는 방법을 배움. - 글로벌 지식인으로서의 역량을 키움.

종합적 사고력	- 경희대학교 독서 포럼 활동: 라온 누리 독서포럼 활동(2012.09.01.~ 2013.02.28.) - KT&G 상상 Univ. 토론 면접 교육과 정 수료(2011.12. 01.~2011.12. 31.) - 경희대학교 북콘 서트 패널 참여 (2012.11.08.)	- 일주일에 한 번씩 책을 읽고, 책 내 용과 사회 이슈에 관련된 주제를 정 하여 찬반 토론을 함. - 전문가에게 토론, 면접과 관련된 수 업을 듣고 실습 - 학교에서 주최한 북콘서트에 패널 로 참여하여 많은 학생 앞에서 나의 주장을 펼침.	- 사회 이슈를 알고, 비판적으로 사고 하는 방법을 배움. - 토론 시에 주장을 논리적으로 펼치 는 방법을 알게 됨.
자기관리 역량	- 대학 시절 경험을 포트폴리오로 정 리(2011.03.01. ~2014.11.01.) - 아침 영어 회화 공부	- 단순히 여러 경험 을 하는 것에 그 치지 않고, 기록 을 남겨 대학시절 의 포트폴리오를 작성함. - 매일 아침 영어 회화 공부. 회화 프로그램을 신청 하여 영어회화 실 력을 향상시키기 위한 노력을 함.	- 전국 학생 포트폴 리오 경진대회 금 상 - 영어 회화 능력 상승, 발음 교정

	작성 항목	구체적인 상황	수행 활동	획득한 성과
나의 직무 역량 분석	전공지식 역량	- 의료공학학부 전공 (2010~2014) - 한의학연구원 인턴 (2013.01.07.~ 2013.02.01.) - 대구경북과학기술원 뇌과학과 인턴(2013.07. 15.~2013.08. 09.)	- 의료공학 전공의 전자, 생물, 프로그래밍을 아우르는 학부 커리큘럼을 성실히 이수 - 강동 경희대병원에서 수행한 fMRI 실험데이터를 얻어 요통환자의 휴지상태 뇌활성신호를 분석함. - 유전자 변형된 Drosophila의 phenotype 변화를 관찰	- 학과 학업우수상 수상, 차석 졸업 - 연구 실험 디자인 및 신호처리, 프로그래밍 능력을 갖게 됨. - 현미경사용, DNA 염기서열 분석과 분자세포생물학 지식과 실험법에 대해 배움.
	프로그래밍 역량	환자의 의료기록을 관리하여 자율적인 건강관리를 도와주는 프로젝트: 의료정보프로그래밍 (2012.09.01.~ 2012.12.15.)	Visual C++ MFC 기반의 GUI 프로그램 개발	우수한 성적으로 프로젝트를 마무리 하였으며, 프로그램개발의 전 과정을 체험함으로써 역량을 높일 수 있었음.
	성취지향 역량	- 한국장학재단 수기공모전 (2013.05.07.) - 전국 학생 포트폴리오 경진대회 (2012.10.24.)	수기 공모전, 포트폴리오 경진대회 등 다양한 분야의 전국단위 공모전에 참가	다수 공모전 수상, 발표, 신문, 잡지인터뷰

	문제해결 역량	공학프로젝트 문제 해결 (2013.09.01.~ 2013.12.31.)	– 보안이 강화된 스 마트 금고 시스템 을 만들기 위해 회로 설계, 마이 크로프로세서 (ATmega128), 모터제어, 시리얼 통신으로 프로젝 트를 완성함.	공학적 문제를 공 학지식으로 해결해 나가는 과정을 수 많은 시행착오 끝 에 배움. 소프트웨어, 하드웨 어 실력이 상승됨.
향후 계획	단기: 1년 후	현재 재학 중인 대학원에서 학회 참석, 특허 출원, 논문 투고 등의 성과를 내고 졸업 후 Healthcare Solution, 의료공학 분야의 회사 입사		
	중기: 10년 후	새로운 가치를 창조할 수 있는 아이디어와 기술로 벤처 기업 설립		
	장기: 20년 후	설립한 회사를 의료기기에 특화된 글로벌 경쟁력을 갖춘 회사 로 키움. 전 세계 인류의 삶을 윤택하게 만드는 헬스케어 솔루 션을 제공함.		

참고문헌

국회(2014). 스펙초월채용생태계 조성을 위한 역량중심이력 도입방안. 미래인
　　　재육성포럼.

김미영(2004). 진로 탐색용 포트폴리오를 통한 중학생의 진로 성숙 태도 조사.
　　　충남대학교 교육대학원 석사학위논문.

김판욱, 이병욱, 김희필(2005). (생애 설계를 위한) 포트폴리오의 이해와 실제. 서울:
　　　문음사.

박상순(2011). 진로포트폴리오를 활용한 진로탐색 프로그램이 고등학생의 진로
　　　성숙도에 미치는 효과. 충남대학교 교육대학원 석사학위논문.

백순근(2000). 수행평가의 원리. 서울: 교육과학사.

손영민(2014). 커리어포트폴리오를 활용한 진로교육프로그램이 대학 저학년 학
　　　생들의 진로결정 자기효능감과 진로준비행동에 미치는 효과. 교육학연구,
　　　20(1), 229-252.

송원영, 김지영(2009). 커리어 포트폴리오를 통한 대학생의 진로 설계. 서울: 학지사.

신선경(2009). 자기설명력을 갖춘 공학인 양성을 위한 학생포트폴리오. 공학교육
　　　연구, 16(1), 13-14.

조한무(1997). 포트폴리오 평가가 체육수업에 미치는 효과. 한국체육대학교 대
　　　학원 박사학위논문.

조한무(1998). 수행평가를 위한 포트폴리오 평가. 서울: 교육과학사.

한안나(2012). 학습포트폴리오를 통한 '학습전략과 진로탐색' 교과목의 개선효과-
　　　A대학교 교양필수과목 사례를 중심으로. 교양교육연구, 6(1), 241-267.

황매향, 김연진, 이승구, 전방연(2011). 진로탐색과 생애설계. 서울: 학지사.

Arter J. A. (1990). Understanding the meaning and importance of quality
　　　classroom assesment. Portland, Oregon: Northwest Regional Educational
　　　Laboratory.

Farr, R., & Tone, B. (1994). *Portfolio and Performance Assessment*. New
　　　York: Harcourt Brace College Pub.

Frank, S., & D'orsi, G. (2003). *The Career Portfolio Workbook*. New York:
　　　Mcgraw-Hill.

Herman, J. L., & Winters, L. (1994). Portfolio Research: A slim collection.
　　　Educational Leadership, 52(2), 48-55.

Montgomery, K., & Wiley, D. (2004). Creating E- Portfolio Using Powerpoint:
　　　A Guide for Editors. Sage Publications.

Nathan, L. F.(1995). Portfolio assessment and teacher practice(urban schools).
　　　Unpublished doctoral dissertation, Harvard University.

Paulson, F. L., Paulson, P. R., & Meyer, C. A. (1991). What makes a portfolio,
　　　Educational Leadership, Feb, 60-63.

고용노동부. http://www.moel.go.kr

한국경제(2014. 5. 29.). www.hankyung.com

〈학생포트폴리오 작품 사례 출처〉

김영도(2013). 한국공학교육인증원 주최 제7회 학생포트폴리오 경진대회 금상.

김재욱(2011). 한국공학교육인증원 주최 제5회 학생포트폴리오 경진대회 대상.

박선아(2012). 한국공학교육인증원 주최 제6회 학생포트폴리오 경진대회 대상.

서지혜(2013). 한국공학교육인증원 주최 제7회 학생포트폴리오 경진대회 금상.

이동호(2009). 한국공학교육인증원 주최 제3회 학생포트폴리오 경진대회 금상.

임혜지(2013). 한국공학교육인증원 주최 제7회 학생포트폴리오 경진대회 대상.

장윤진(2013). 한국공학교육인증원 주최 제7회 학생포트폴리오 경진대회 동상.

이 책에 학생포트폴리오 작품 사례를 활용하도록 허락해 준 김영도, 김재욱, 박선아, 서지혜, 이동호, 임혜지, 장윤진 학생에게 깊이 감사드립니다.

찾아보기

저자소개

■ **최금진(Choi Keumjin)**

연세대학교 교육학과 학사
연세대학교 대학원 교육학과 석사 및 박사(교육행정 전공)
한국교육개발원 부연구위원
건국대학교 공학교육혁신센터 책임연구원
현 청주대학교 사범대학 교직과 조교수
　　한국공학교육인증원 공학교육연구센터 부소장

■ **김혜경(Kim Hyekyung)**

숙명여자대학교 교육학과 학사
서울대학교 대학원 교육학과 석사 및 박사(교육공학 전공)
서울대학교, 숙명여자대학교, 중앙대학교 강사
경희대학교 공학교육혁신센터 학술연구교수
현 선문대학교 교수학습혁신센터 조교수

셀프마케팅을 위한

학생포트폴리오 작성하기
Creating student portfolio for self-marketing

2015년 2월 17일 1판 1쇄 인쇄
2015년 2월 27일 1판 1쇄 발행

지은이 • 최금진 · 김혜경
펴낸이 • 김진환
펴낸곳 • (주) **학지사**

　　　　　121-838 서울특별시 마포구 양화로 15길 20 마인드월드빌딩
대표전화 • 02)330-5114　　　　팩스 • 02)324-2345
등록번호 • 제313-2006-000265호

홈페이지 • http://www.hakjisa.co.kr
커뮤니티 • http://cafe.naver.com/hakjisa

ISBN 978-89-997-0639-4　93370

Copyright ⓒ 2015 by Hakjisa Publisher, Inc.

정가 14,000원

인터넷 학술논문 원문 서비스 **뉴논문** www.newnonmun.com

이 도서의 국립중앙도서관 출판시도서목록(CIP)은 서지정보유통지원시스템
홈페이지(http://seoji.nl.go.kr)와 국가자료공동목록시스템(http://www.
nl.go.kr/kolisnet)에서 이용하실 수 있습니다.
(CIP제어번호: CIP2015004891)